Kochen mit Olivenöl

Johanna Schaal

Kochen mit Olivenöl

125 köstliche Rezepte,
lecker und gesund

Seehamer Verlag

Dank!
Unser ganz besonderer Dank für die Überlassung von Text und Bild gilt der Informationsgemeinschaft Olivenöl mit Sitz in München, die, finanziert von der Europäischen Gemeinschaft, einen wertvollen Beitrag zur Aufklärung über das Olivenöl und dessen weitere Verbreitung leistet.

Bildnachweis:
Für die freundliche Überlassung der Abbildungen danken wir neben der Informationsgemeinschaft Olivenöl auch Ketchum Public Relations in München. Die Abbildungen stammen im einzelnen von:
Ketchum, Deutsche Champignons, Abb. zu dem Rezept auf Seite 138
Ketchum, Deutsches Teigwaren-Institut, Abb. zu den Rezepten auf Seite 38 und 126
Ketchum, Kikkoman, Abb. zu dem Rezept auf Seite 86
Informationsgemeinschaft Olivenöl, Abb. zu den Rezepten auf Seite 20, 70, 87, 99 und 102

Gestaltungskonzept: Bine Cordes, Weyarn
DTP: Impressum GmbH, Dachau
Umschlaggestaltung: Bine Cordes, Weyarn, unter Verwendung eines Fotos
der Informationsgemeinschaft Olivenöl, München
(Abbildung zu Rezept Seite 20, Marinierter Lachs)
Printed in Austria
ISBN- 3-932131-82-7

Inhaltsverzeichnis

Seite

Vorwort

Olivenöl auf dem Vormarsch!

Bis vor einigen Jahren waren es vor allem die Mittelmeerurlauber, die – vom Urlaub zurückgekehrt – zu Hause in Deutschland auf Olivenöl umstiegen. Vorurteile wie „zu teuer" oder „zu streng im Geschmack" beherrschten die öffentliche Meinung. Das Wissen hingegen darüber, daß Pflanzenöle gesünder sind als andere Fette, das haben diverse Kampagnen zum Thema Gesundheit längst bis zu den eingefleischtesten Schweinefleischfans getragen. Warum aber gerade das Olivenöl besondere Werte hat, darüber später mehr.

Hier noch ein bißchen Statistik: Im Jahr 1997 haben die Verbraucher immerhin schon 24 % ihrer Ausgaben für Speiseöl nur für Olivenöl ausgegeben, d.h. daß jeder vierte Liter Öl ein Olivenöl war. Wenn man bedenkt, daß das Olivenöl nicht immer das billigste Öl ist, so ist das ein beachtlicher Erfolg.

Pro Kopf der Bevölkerung liegt der statistische Durchschnittsverbrauch inzwischen bei 0,3 l pro Jahr. Allerdings hat eine Umfrage ergeben, daß im Jahr 1997 noch rund 60 % aller Haushalte ohne Olivenöl auskamen. Hier sieht die „Informationsgemeinschaft Olivenöl" in München noch eine enorme Steigerungsmöglichkeit in den nächsten Jahren. Und vielleicht können wir mit diesem Kochbuch auch einen kleinen Beitrag zur Verbreitung des Olivenöls leisten?!

Geschichten – Götter – Traditionen

Die Geschichte des Olivenbaums reicht weit bis ins Altertum zurück. Die kostbare Handelsware war von je her nicht nur Nahrungsmittel, sondern wurde in vielen Bereichen des Lebens verwendet.

Wie eng der Ölbaum und seine Frucht mit dem religiösen und weltlichen Leben verknüpft waren, machen nicht nur zahlreiche Überlieferungen in Schrift und Kunst deutlich, auch Bräuche und Feste, in denen das Olivenöl eine Rolle spielt, haben sich bis heute erhalten.

Das Olivenöl und die Bibel

Es verwundert nicht, daß eine der ältesten Kulturpflanzen auch im ältesten der Bücher Spuren hinterlassen hat.

Im 1. Buch Mose, Kap. 8, wird die Geschichte von Noah erzählt, wie er eine Taube aussandte, die mit einem Ölzweig zurückkehrte. Im 5. Buch finden wir die Beschreibung des verheißenen Landes, wo „Weinstöcke, Feigenbäume, Olivenbäume und Honig wachsen“. Später ist von „Weingärten und Ölbergen, die du nicht gepflanzt hast“ die Rede. Zum einen haben wir hier den Ölzweig als Symbol des Friedens, zum anderen Ölbaumkulturen als Zeichen des Reichtums, dessen Verlust eine harte Strafe bedeutet.

Wie hoch der Olivenbaum im Ansehen stand, verdeutlicht auch die Prophezeiung Moses an das ungehorsame Volk Israel: „Ölbäume wirst du haben in deinen Grenzen, aber du wirst dich nicht salben mit Öl, denn dein Ölbaum wird ausgerissen werden.“ Nach christlichem Glauben befindet sich die Stelle, an der Jesu Leichnam die letzte Salbung erhalten hat, im Innern der Grabeskirche von Jerusalem. Symbolisch wird jedes Jahr zu Ostern die Salbung Christi durch Ausschüttung von Öl auf diesen Stein nachvollzogen.

Das Olivenöl in der Mythologie

Der griechische Bildhauer Phidias stellt in seinem berühmten Parthenonfries sehr plastisch den Götterzwist um die legendäre Gründung Attikas dar:

Athene und ihr Bruder Poseidon konkurrieren um die Herrschaft. Im Wettstreit soll jeder seine Fähigkeiten demonstrieren. Poseidon schlägt als Gott der Meere mit seinem Dreizack auf den Boden und eine Salzwasserquelle entspringt. Athene pflanzt eine Olive, aus der ein mächtiger Baum wächst, dessen Früchte dem Menschen einen köstlichen Saft spenden, der zur Heilung von Krankheiten, zur Pflege des Körpers und zur Nahrung dient.

Zeus, als oberster Richter, entscheidet sich zugunsten Athenes, die damit zur Schutzpatronin Attikas wird und der Hauptstadt ihren Namen gab.

Olivenöl in der Literatur

Auch in den Dichtungen der Antike findet das Olivenöl seinen Widerhall. Bei Pindar beispielsweise finden wir die Geschichte von Herakles, der eine Hindin bis nach Istrien verfolgte und dort einen Steckling des wilden Ölbaums nach Olympia brachte.

Auch bei Horaz finden wir eine Stelle, die die Wichtigkeit des Ölbaums bezeugt: „Gieße Öl in das Feuer." Und bei Platon lesen wir folgenden Satz als Ausdruck größter Enttäuschung: „Ich habe das Öl und die Mühe vergeblich verschwendet."

Auch in der Neuzeit wurde und wird das Olivenöl von den Dichtern gepriesen, so z.B. von Goethe oder George Sand, Erich Kästner, Ota Filip oder Christa Wolff und Rainer Kunze, um nur einige zu nennen.

Das Olivenöl und Olympia

Herakles gründete die olympischen Spiele. Der Olivenzweig wurde als Zeichen des Sieges zum Kranz gewunden und den Kämpfern auf das Haupt gesetzt.

Außerdem erhielten sie viele Amphoren mit Olivenöl als Siegesprämie. Zur Vorbereitung auf die Spiele wurde den Kämpfern, wie bei Homer nachzulesen ist, eine besondere Diät verordnet, die hauptsächlich aus Speisen mit Olivenöl bestand.

Auch wurden die Kämpfer mit Olivenöl massiert. Das auf die Haut aufgetragene Öl bildete einen Film, der die Poren vor dem Eindringen von Schmutz schützte und zusätzlich vor Kälte und Sonnenbrand.

Das Olivenöl in der Kosmetik

Schon bei den Griechen und Römern wurde ein beachtlicher Teil des gewonnenen Olivenöls für die Körperpflege verwendet. Man benutzte es wie ein reinigendes Mittel und rieb sich vor und nach dem Bad damit ein. Bisweilen reicherte man das Olivenöl auch mit Duftstoffen an, die man aus Blüten gewann.

Auch heute wird das Olivenöl in der Kosmetikindustrie verarbeitet und immer mehr Menschen verwenden es pur als Einreibmittel.

Das Olivenöl in der Medizin

Schon Demokrit und Plinius sangen das hohe Lied des Olivenöls und wiesen darauf hin, welche wichtige Funktion es für den menschlichen Körper hat.

Cholesterin heißt heute die Geisel Nr. 1 der Menschheit, wobei man in diesem Zusammenhang immer das „böse“ Cholesterin, das LDL, meint, dem man die fortschreitende Arterienverkalkung zuschreibt, die als Ursache für Durchblutungsstörungen, Herzinfarkte und Schlaganfälle gilt.

Es ist statistisch nachgewiesen, daß es in den Mittelmeerländern wesentlich weniger Herzinfarkt- und Schlaganfalltote gibt als nördlich der Alpen. Ganz drastisch steigt die Quote, wenn man weiter nach Norden geht. Beispielsweise liegt auf Kreta, wo fast ausschließlich Olivenöl als Nahrungsfett verwendet wird, die Herzinfarktrate zehnmal niedriger als in Ostfinnland, wo sehr viel tierisches Fett verzehrt wird.

„Einfach ungesättigte Fettsäuren“ heißt das Zauberwort. Olivenöl enthält einen hohen Anteil (78 %) an Ölsäure, einer einfach ungesättigten Fettsäure, von der man weiß, daß sie den Cholesterinspiegel im Blut senkt. Im Unterschied zu mehrfach ungesättigten Fettsäuren senkt aber die im Olivenöl befindliche Ölsäure nur den Anteil des sogenannten „schlechten“ LDL-Cholesterins, der Low Density Lipoproteine, die das Cholesterin in die Zellen transportieren. Wenn sich nämlich LDL-Cholesterin in den Zellen der Innenwände der Blutgefäße ablagert, kann das zu Arteriosklerose und Herzinfarkt führen.

Das HDL-Cholesterin, die High Density Lipoproteine, dagegen befördert das Cholesterin wieder aus den Zellen heraus in die Leber, wo es ab- oder umgebaut wird. Ölsäure in Form der einfach ungesättigten Fettsäuren sorgt also für ein günstiges Verhältnis zwischen dem „schlechten“ LDL-Cholesterin und dem „guten“ HDL-Cholesterin.

Überhaupt ist die Zusammensetzung von Olivenöl geradezu ideal. Es besitzt einen ausgewogenen Anteil an dem sehr wirksamen Vitamin E, das die Oxidation verschiedener Stoffe, beispielsweise des Vitamin A und der einfach ungesättigten Fettsäuren, während ihres Transports im Blut verhindert. Damit schützt es gleichzeitig die roten Blutkörperchen vor der Zerstörung durch oxidierende Stoffe. Außerdem stabilisiert Vitamin E die Zellmembran und soll auf diese Weise auch dem Altern entgegenwirken.

Die Mengen von Magnesium, Natrium, Kalium und Calcium sowie von Chrom und Kupfer, die im Olivenöl enthalten sind, tragen zum menschlichen Tagesbedarf dieser essentiellen Mineralstoffe und Spurenelemente bei.

Immer mehr Wissenschaftler und Ernährungsexperten raten deshalb heute zur gesunden Mittelmeerkost, in der das Olivenöl eine überragende Rolle spielt.

Das Olivenöl als Heilmittel

Olivenöl in der äußeren Anwendung hat immer eine positive heilende und desinfizierende Wirkung auf die Epidermis. Auch als Klistier wird es empfohlen. Wichtig ist, daß das Öl zur äußeren Anwendung immer leicht erwärmt wird. Körperwarmes Öl kann seine Wirkung besser entfalten.

In Italien wendet man seit Jahrhunderten das Olivenöl gegen Muskelkater, Krämpfe und Verspannungen an. Auch zur Linderung von rheumatischen Schmerzen dient es bestens.

Das „Ölkauen" hat sich als Mittel zur Entgiftung und Reinigung des Körpers durchgesetzt. Man nimmt morgens nach dem Aufstehen einen Eßlöffel voll Olivenöl in den Mund und kaut dieses zehn, besser noch 20 Minuten lang. Danach muß man das gekaute Öl ausspucken und das Waschbecken gut ausspülen.

Einem morgendlichen „Öltrunk" sagt man nach, daß er nicht nur fit und munter macht, sondern auch reinigende und heilende Wirkung auf die inneren Organe hat. Er wird wie folgt zubereitet: In einem Glas lauwarmem Wasser werden 2 TL Olivenöl und 6 Tropfen Zitronensaft gemischt und schluckweise getrunken.

Zum Abschluß sei noch auf das Olivenöl als wundervolles Haarelixier hingewiesen. Dazu reibt man den ganzen Kopf und die Haare in ganzer Länge mit Olivenöl ein, stülpt eine Plastikfolie darüber und läßt das Öl mindestens 3–5 Stunden oder sogar über Nacht einziehen. Danach wäscht man das Haar wie gewohnt. Kraft und Vitalität sind garantiert.

Vom Baum zur Frucht – der lange Weg von der Olive zum Olivenöl

Olivenöl hat seinen Preis, der manchmal Apothekenniveau annehmen kann. Es ist ja auch ein Heilmittel – könnte man darauf sagen. Aber Scherz beiseite, die Gewinnung des Olivenöls ist ein sehr mühsames Handwerk, das wir hier noch etwas erläutern wollen:

Ein Olivenbaum braucht ca. 20 Jahre Pflege, bis er richtig Früchte trägt, d.h. 20 Jahre Arbeit ohne oder mit wenig Lohn. Andererseits kann ein Olivenbaum Hunderte von Jahren alt werden. Daher kommt es, daß die Olivenbauern einer jahrhundertealten Tradition verpflichtet sind. Der Großvater pflanzte für den Vater und den Sohn, die heutigen Olivenbauern müssen daran denken, daß auch ihre Kinder und Kindeskinder wieder Oliven ernten wollen.

80 % der rund 800 Millionen Olivenbäume auf der Welt wachsen im Mittelmeerraum und finden dort ein ideales Klima. Zu unterscheiden sind allerdings ca. 100 verschiedene Baumarten, die wiederum Früchte mit unterschiedlichem Charakter hervorbringen.

Die Ernte: Handarbeit oder mit Maschinen

Zwischen April und Juni leuchten an den silbrigen Blättern der Olivenbäume Blütenstengel mit gelblich-weißen Blüten, die einen leichten Duft verströmen. Durch den Wind bestäubt reifen die Früchte im Laufe der Sommermonate. Zuerst hellgrün werden sie bis zur Erntezeit dunkelviolett. Aus 100 Blüten wachsen nur etwa fünf (!) Oliven heran.

Gepflückt und in Körben oder Netzen gesammelt werden sie größtenteils von Hand. Mancherorts schlägt man mit langen Stangen die Früchte in bereitliegende Netze oder man benützt Rüttelmaschinen, abhängig von der Stärke des Stammes. Wenn die Zwischenräume zwischen den Bäumen es zulassen, werden die Oliven von Saugmaschinen aufgelesen.

Es ist von äußerster Wichtigkeit, daß die Oliven unbeschädigt und rasch zur Presse gelangen. Zu langer Bodenkontakt und unsorgfältige Behandlung beeinträchtigen die Qualität des Öls. Sind die empfindliche Haut und das Fruchtfleisch der Olive verletzt, begünstigt das den natürlichen Abbauprozeß, auch Fermentation genannt. Deshalb sollten höchstens 2 bis 4 Tage vom Pflücken bis zum Pressen vergehen.

Pro Baum liegt der Durchschnittsertrag bei ca. 20 kg Oliven, daraus werden durchschnittlich 3–5 kg Olivenöl gewonnen. Ölmenge und Ölqualität sind in hohem Grade von der fachgerechten Pflege der Bäume und der schonenden Behandlung der Früchte, speziell während der Ernte, abhängig. Deshalb liegt in diesem Arbeitsbereich mit ca. 80 % der kostenaufwendigste Teil der Olivenölproduktion.

Olivenöl – nur kaltgepreßt

So alt wie der Olivenbaum, nämlich mehr als 5000 Jahre, so traditionsreich ist die Verwertung seiner Früchte. Auch wenn vor kurzem neuere Methoden entwickelt wurden, die Ölpressen arbeiten seit Jahrhunderten nach demselben Prinzip.

Die bekannteste und am meisten verbreitete Methode ist heute die hydraulische Pressung. Schwere Mühlsteine zermahlen die Früchte und Kerne zu einem Brei, der, auf Matten verteilt, hydraulisch gepreßt eine Emulsion aus Öl und dem oliveneigenen Wasser ergibt.

In der Zentrifuge wird diese Verbindung getrennt und das gewonnene Öl durch Filterung von trüben Rückständen gereinigt.

Man hat in der jüngeren Vergangenheit verschiedene andere Methoden der Ölgewinnung ausprobiert, allerdings hat man es immer vermieden in irgendeiner Form Hitze zuzuführen. Es handelt sich also immer um sogenanntes kaltgepreßtes Öl, die warme Pressung gibt es nicht. Als es die kräftigen hydraulischen Pressen unserer Tage noch nicht gab, mußte der Brei zuweilen bis zu dreimal gepreßt werden, um das Öl zu gewinnen.

Daher stammt noch die Bezeichnung „erste Pressung“, die mit „erste Qualität“ gleichgesetzt wird. Für die zweite und die dritte Pressung goß man heißes Wasser über den einmal gepreßten Brei, um die Restgewinnung zu erleichtern. Daß dadurch die Qualität „verwässert“ wurde, leuchtet ein. Heutzutage gibt es nur noch wenige manuelle Pressen. Im allgemeinen führt man eine mechanische Pressung durch. Qualität und Geschmacksrichtung variieren je nach Land und Lage, nach Klima und Reifegrad der Frucht.

Nomen est omen

Die auf die vorher beschriebene Weise gewonnenen Öle werden – wenn sie als einwandfrei im Geschmack, Geruch und Farbe beurteilt wurden und einen Gehalt an freien Fettsäuren bis maximal 1 bzw. 2 % haben – als Natives Olivenöl verkauft. Nach den Bestimmungen der EU gibt es folgende Unterschiede:

- **Natives Olivenöl extra**
Kaltgepreßtes Olivenöl aus der Frucht des Olivenbaums
mit einem Ölsäuregehalt von max. 1 g je 100 g Öl

- **Natives Olivenöl**
Kaltgepreßtes Olivenöl aus der Frucht des Olivenbaums mit einem Ölsäuregehalt von max. 2 g je 100 g Öl

- **Olivenöl**
Verschnitt von raffiniertem und nativem Olivenöl. Ölsäuregehalt max. 1,5 g je 100 g Öl

- **Oliventresteröl**
Raffiniertes Oliventresteröl gemischt mit nativem Olivenöl mit einem maximalen Ölsäuregehalt von 1,5 g auf 100 g Öl

Das Olivenöl und die Nahrung

Schon vor 6000 Jahren diente die Olive den Kretern als Nahrung, wie aus Flachreliefs hervorgeht. Über altgriechische Küchenbräuche erfahren wir etwas in den Schriften des Aristophanes: Ob Gemüse- oder Fleischgerichte, ob Gebäck oder Süßspeisen, alles wurde mit Olivenöl gekocht oder gebacken. Auch im alten Rom waren Öl und Oliven tägliches Nahrungsmittel der Armen wie der Reichen. Der Anbau deckte bei weitem nicht den Bedarf der Römer, so daß Olivenöl aus den Provinzen, vor allem aus Spanien, eingeführt werden mußte. Ein interessanter Zeuge des Ölimports nach Rom ist der Testaccio-Hügel bei Ostia: Er besteht nur aus Scherben zerbrochener Ölgefäße.

Tips und Tricks zur Anwendung von Olivenöl

Olivenöl eignet sich

- zum Marinieren von Fleisch, das anschließend gebraten wird
- zum Garen von Ragouts
- zum Schmoren von Geflügel, Fleisch und Fisch
- zum Braten vom Geflügel, Fleisch und Fisch
- zum Dünsten von Fisch und Gemüse
- zum Fritieren bei Temperaturen von 180–190 °C
- zum Kochen von Teigwaren (2 EL Olivenöl im Kochwasser verhindern das Zusammenkleben und vermitteln einen Hauch des Olivenaromas)

Native Olivenöle extra eignen sich besonders für

- Rohkostgerichte
- kalte und nur leicht angekochte Gerichte
- zum Einlegen von Gemüsen, Pilzen, Käsen und Knoblauch

Verwendungsmöglichkeiten von Olivenöl in der Küche

Kaltanwendung	**Warmanwendung**	
Native Olivenöle Olivenöle	Native Olivenöle *(bis 180 °C)*	Olivenöle *(bis 210 °C)*
• Dressings • Marinaden • Würzen • Dip-Saucen	• Dünsten • Schmoren • Garen, Backen • schonend Braten	• Dünsten • Schmoren • Garen, Backen • Braten • Fritieren
	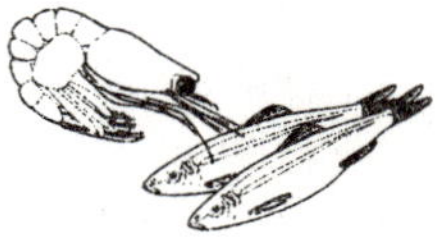	

Quelle: Informationsgemeinschaft Olivenöl

Tips für den Gebrauch von Olivenöl:

- Olivenöle – richtig gelagert – sind mindestens 18 Monate haltbar.
- für schlankheitsbewußte Feinschmecker: Olivenöl hat nur 9 kcal pro Gramm und enthält neben seinem hohen Anteil an einfach ungesättigten Fettsäuren praktisch kein „schlechtes" Cholesterin, dafür aber 12 mg des wichtigen Vitamin E pro 100 g Öl.
- Olivenöle sollten immer dunkel und bei Temperaturen zwischen 10 und 16 °C gelagert werden. Angebrochene Flaschen sollte man immer nach Gebrauch wieder gut verschließen.
- Aufgrund der natürlichen Antioxydantien sind Olivenöle hitzestabiler als die meisten anderen Öle. Die normale Brattemperatur beträgt 180–190 °C.
- Im Kühlschrank aufbewahrt kann das Olivenöl flockig-trübe werden. Bei Zimmertemperatur klärt es sich wieder. Die Qualität wird dadurch nicht beeinträchtigt.
- Zum Würzen, Marinieren und für Salatsaucen sollte Olivenöl immer Zimmertemperatur haben, da es sich dann am besten mit den übrigen Zutaten verbindet.
- Olivenöl kann während des Erhitzens mit Knoblauch, getrockneten Peperoni, Kräutern oder Lorbeer gewürzt werden. Bevor man das Gemüse oder Fleisch dazugibt, sollte man die Gewürze entfernen.
- Olivenöl sollte man niemals so heiß werden lassen, daß es raucht, denn dann schadet es der Gesundheit, kann sich leicht entzünden und gibt den Speisen einen bitteren Geschmack. Also immer langsam erhitzen und zur Not kurz vom Feuer nehmen.
- Auf keinen Fall darf man auf das heiß werdende Öl einen Deckel setzen. Öl immer offen erhitzen!
- Olivenöl ist sehr ergiebig. Salat sollte also nie im Olivenöl schwimmen. Immer nur so viel Öl verwenden, wie für den richtigen Geschmack notwendig ist.

Braten und Schmoren mit Olivenöl

Hartnäckig hält sich bei manchen Liebhabern des Olivenöls das Vorurteil, daß man es nicht erhitzen sollte und es somit leider nicht zum Braten, Schmoren oder Fritieren geeignet sei. Es folgen Argumente wie „beim Braten mit nativem Olivenöl extra schmecken die Speisen zu streng, wichtige Vitamine des reinen Naturproduktes werden zerstört, das native Olivenöl ist zum Braten und Schmoren viel zu schade."

Hier kommt die gute Nachricht: Sie können mit Olivenöl dünsten, braten, schmoren und, wenn Sie die Regeln beachten, sogar fritieren.

Vitamin E schützt vor Oxidation

Generell kann man sagen, daß rein pflanzliche, ungesättigte Fettsäuren unter dem Einfluß von Sauerstoff, Licht, Wärme oder Metallspuren oxydieren und sich dabei zersetzen. Durch Erhitzen des Öls wird dieser Prozeß noch beschleunigt. Je höher ungesättigt die Fettsäuren sind, desto instabiler und anfälliger sind sie gegenüber Zersetzungsprozessen.

Das Olivenöl verfügt jedoch – wie schon erwähnt – über einen sehr hohen Anteil (78 %) an nur einfach ungesättigten Fettsäuren. Es ist damit äußerst stabil, weil die Kette der lebensmittelchemischen Fettstruktur nur einmal unterbrochen ist.

Hinzu kommt die Tatsache, daß kaltgepreßtes Öl wie das native Olivenöl extra im Vergleich zu raffiniertem Öl mehr Fettbegleitstoffe (z.B. Tocopherole) besitzt. Das wertvolle Vitamin E im Olivenöl ist nicht nur ein wichtiger Stoff für die Gesundheit, es schützt das Öl außerdem vor zersetzenden Oxidationsprozessen und sorgt für eine lange Haltbarkeit. Aufgrund dieser Eigenschaften, also wegen seiner idealen Fettzusammensetzung, kann natives Olivenöl extra bedenkenlos zum Dünsten und Schmoren, aber auch zum schonenden Braten verwendet werden.

Die nativen Olivenöle sollte man nicht über 180 °C erhitzen. Die mit der Bezeichnung „Olivenöl" auf dem Markt befindlichen Mischungen aus raffiniertem und nativem Olivenöl vertragen sogar 210 °C, und sind damit ohne Qualitätseinbußen zum Fritieren geeignet.

Zum Schluß ein paar Tips zu diesem Buch

Wir haben der Einfachheit halber immer nur „Olivenöl" geschrieben. Natürlich sollten Sie möglichst immer nur „natives Olivenöl extra" verwenden, unter Beachtung der in diesem Vorwort gemachten Ausführungen.

Die Verwendung unterschiedlicher Essigsorten ist oft von individuellen Vorlieben abhängig. Deshalb haben wir meist nur „Essig" geschrieben. Nur in einigen Fällen haben wir „Balsamico-Essig" vorgeschlagen, weil er eben gerade in diesen Gerichten notwendig ist.

Mit „Pfeffer" ist in der guten Küche immer „frisch gemahlener Pfeffer", je nach Farbe des Gerichtes weiß oder schwarz, gemeint.

Zu den Mengenangaben ist zu sagen, daß diese immer nur annähernd und durchschnittlich sein können und, wenn nicht anders angegeben, für vier Personen gelten. Es ist unbedingt empfohlen, die Angaben dem unterschiedlichen Appetit und Kalorienbedarf Ihrer Familie oder Ihrer Gäste anzupassen. Bei einigen Rezepten in den ersten drei Kapiteln sind die Mengen auch immer davon abhängig, ob die Gerichte als Beilage, als Vorspeise oder als Zwischengericht verwendet werden.

Wir wünschen viel Spaß und Erfolg beim Nachkochen!

Vorspeisen

Marinierter Lachs

500 g Lachsfilet
Salz
3 weiße junge Zwiebeln
100 ml Essig
4 Gewürznelken
10 Pfefferkörner
2 Lorbeerblätter
1 EL Zucker
4 EL Olivenöl
einige Oliven
4 Zitronenscheiben

Lachs in Stücke teilen, in eine Porzellanschüssel legen, leicht salzen, 30 Minuten ziehen lassen. Zwiebeln abziehen und in Ringe schneiden, mit 100 ml Wasser, Essig, Nelken, Pfeffer, Lorbeer und Zucker etwa 5 Minuten kochen, heiß über den Lachs gießen und abkühlen lassen. Olivenöl darübergießen. Die Schüssel zugedeckt über Nacht kalt stellen.

Am nächsten Tag den Sud abgießen, aufkochen und wieder über den Fisch gießen, noch einmal über Nacht kalt stellen. Fisch abgetropft mit den Zwiebeln aus dem Sud, Oliven und Zitronenscheiben anrichten. Nach Belieben mit Weißbrot servieren.

Gefüllte Artischocken

4 große Artischocken
Salz · Saft einer Zitrone
100 ml Olivenöl
1/8 l Weißwein
4 EL Wasser

Für die Füllung:
100 g roher Schinken
1 Ei · 3 EL Semmelbrösel
1 Zwiebel
1 Knoblauchzehe
1 EL geriebener Parmesan
1 EL gehackte Petersilie

Artischocken ca. 15 Minuten in kochendem Salzwasser mit Zitronensaft kochen, gut abtropfen lassen.

Für die Füllung Schinken in feine Würfel schneiden. Zwiebel pellen und fein würfeln. Knoblauch schälen und durch die Presse drücken. Schinken- und Zwiebelwürfel, Knoblauch, Ei, Semmelbrösel, Parmesan und Petersilie gut vermischen.

Artischocken mit der Blüte nach unten auf die Arbeitsplatte legen und fest darauf drücken. Die Füllung in die so entstandenen Hohlräume zwischen den

Blättern füllen. Olivenöl in einer feuerfesten Form erhitzen und die gefüllten Artischocken hineinsetzen. Mit Wein und Wasser auffüllen und im Backofen bei 200 Grad 20–30 Minuten überbacken. Nach Belieben mit Weißbrot servieren.

Tzatziki

600 g griechischer Joghurt
bzw. 5 Becher Bulgara-Joghurt
400 g Gärtnergurken
Salz
3 Knoblauchzehen
1 EL Essig
3 EL Olivenöl
3 Zweige glatte Petersilie
50 g kleine schwarze Oliven

Griechischen Joghurt in eine Schüssel geben. Wird Bulgara-Joghurt verwendet, muß man diesen zuerst durch eine Kaffeefiltertüte ca. 20 Minuten abtropfen lassen. Gurken gründlich waschen, die Enden abschneiden und mit der Schale grob raspeln. 1 TL Salz unterrühren und 10 Minuten ziehen lassen. Dann den Saft abgießen und die Gurken mit dem Joghurt mischen.

Knoblauchzehen schälen, durch die Presse in den Joghurt drücken. Essig und Olivenöl unterziehen, mit Salz abschmecken. Zugedeckt 15 Minuten kalt stellen. Petersilie waschen und trockenschütteln, Blätter abzupfen. Tzatziki mit Petersilie und Oliven garnieren. Als Dip zu Rohkost oder Gegrilltem servieren.

Gefüllte Weinblätter

(für 6 Personen)
300 g eingelegte Weinblätter
3 Zwiebeln
5 EL Olivenöl
50 g Pinienkerne
50 g Korinthen
200 g Reis
Salz
Pfeffer
1 Msp. Zucker
1 Msp. Piment
½ Bund glatte Petersilie
½ Bund Dill
2 Zweige frische Minze oder
1 TL getrocknete, zerriebene Minze
Saft einer Zitrone
2 unbehandelte Zitronen

Reichlich Wasser in einem großen Topf zum Kochen bringen. Weinblätter vorsichtig auseinanderfalten und portionsweise 6–8 Minuten vorgaren, mit der Schaumkelle herausnehmen und gut abtropfen lassen. Nebeneinander auf ein Tuch legen und nachtrocknen lassen.

Die Zwiebeln schälen und fein in ein Schüsselchen reiben. 3 EL Olivenöl in einem Topf mittelstark erhitzen, Pinienkerne und Korinthen kurz darin anbraten. Reis und Zwiebeln dazugeben und unter Rühren glasig werden lassen. ⅜ l Wasser, eine Prise Salz, Pfeffer, Zucker und Piment unterrühren und zugedeckt bei schwacher Hitze in 15 Minuten fast gar kochen, gelegentlich umrühren.

Kräuter waschen und trockenschütteln, Blättchen fein hacken und unter den Reis rühren, abkühlen lassen.

Weinblätter einzeln auf die Arbeitsfläche legen, mit der Schere die Stiele abschneiden. In die Mitte eines jeden Blattes 1 TL Reis geben. Erst die breite Seite, dann die Seiten rechts und links über die Füllung schlagen. Jedes Blatt zur Spitze hin einrollen. Röllchen mit den Öffnungen nach unten dicht nebeneinander in einen Topf mit breitem Boden legen. Zitronensaft und 2 EL Olivenöl darübergießen.

Röllchen mit einem Teller beschweren. Dann soviel heißes Wasser dazugießen, bis die Röllchen bedeckt sind.

Zugedeckt bei schwacher Hitze 1 Stunde köcheln lassen, danach im Topf abkühlen lassen. Zitronen gründlich waschen und in Scheiben schneiden. Gefüllte Weinblätter mit Zitronenscheiben dekorativ anrichten.

Anchovipaste

(für 12 Personen)
12 Anchovifilets aus der Dose (mit Öl)
12 Anchovis (in Salzlake), gut gewaschen
1 kleine rote Paprikaschote
50 g Mandeln
6 EL Olivenöl
schwarzer Pfeffer
1 Zweig Fenchelgrün
1 Bund Schnittlauch
2 Knoblauchzehen
4 getrocknete Feigen
2 EL Zitronensaft
2 EL Armagnac
12 weiche Brötchen
große schwarze Oliven zum Garnieren

Paprika waschen, halbieren, Kerne und weiße Innenhaut entfernen und würfeln. Die Mandeln überbrühen, abziehen und grob hacken. Anchovifilets, gesalzene Anchovis, Paprikawürfel und Mandeln in einen Mixer geben und pürieren.

3 EL Olivenöl in die Anchovimischung rühren und mit Pfeffer würzen. Knoblauch pellen und fein hacken. Fenchelgrün, Schnittlauch und Feigen ebenfalls fein hacken, alles unter die Anchovimischung heben. Zitronensaft und Armagnac unterheben. Man kann die fertige Anchoiade im voraus zubereiten und gut verschlossen 24 Stunden im Kühlschrank aufbewahren.

Zum Servieren die Brötchen aufschneiden, eine Hälfte mit der Anchoiade bestreichen, die andere mit Olivenöl einpinseln und die Brötchen wieder zuklappen. Jedes Brötchen in Folie wikkeln und 5 Minuten im vorgeheizten Backofen bei 200 °C backen. Heiß als Vorspeise mit einem Schüsselchen Oliven servieren. Die Anchoiade schmeckt auch zu gekochtem Fisch.

Artischocken in Olivenöl

2 Zitronen
12 kleine längliche Artischocken
3 Knoblauchzehen
½ l Essig
Salz
3 Lorbeerblätter
1 TL schwarze Pfefferkörner
2 Gewürznelken
¾ l Olivenöl
1 großes Einmachglas (1500 g Inhalt)

Eine große Schüssel zur Hälfte mit kaltem Wasser füllen. Zitronen auspressen und den Saft in das Wasser gießen. Artischocken unter fließendem Wasser gründlich säubern. Die äußeren harten Blattkränze großzügig entfernen, Stiele bis auf 3 cm kürzen und einschließlich der Böden dünn schälen. Die harten Spitzen der übrigen Blätter mit der Küchenschere abschneiden. Bei größeren Artischocken das „Heu" in der Mitte entfernen.

Jede vorbereitete Artischocke sofort in das gesäuerte Wasser legen, bis alle fertig sind.

Knoblauch schälen und halbieren. Essig mit 1 EL Salz und ½ l Wasser, Knoblauch, Lorbeerblättern und Gewürzen aufkochen. Artischocken abtropfen lassen, in den Sud geben und ca. 20 Minuten im geschlossenen Topf bei Mittelhitze nicht zu weich garen.

Artischocken im Sud erkalten lassen, in einem Sieb abtropfen. Einmachglas gründlich reinigen, Artischocken mit Lorbeer, Gewürzen und Knoblauch hineingeben. Vollständig mit Olivenöl bedecken. Glas verschließen und mindestens 5 Tage kühl stellen. Nach Bedarf Olivenöl nachgießen, das Gemüse muß ständig bedeckt sein.

Vor dem Servieren die Artischocken abtropfen lassen, allein oder mit anderem eingelegtem Gemüse auf einer Platte anrichten und mit frischer gehackter Petersilie bestreuen.

Die Artischocken sind kühl gelagert und immer mit Olivenöl bedeckt ca. 4 Wochen haltbar.

Avocados gefüllt mit Ceviche

(für 6 Personen)
500 g Schollenfilet (enthäutet)
200 ml Zitronensaft
6 EL Olivenöl
1 EL gehackte Petersilie
Salz
Pfeffer
1 Tomate
4 Frühlingszwiebeln
1 rote Chilischote
3 reife Avocados

Die Filets diagonal in dünne Scheiben schneiden, in eine Schüssel geben, Zitronensaft darüberträufeln. Zugedeckt 24 Stunden kühl stellen. Gelegentlich den Fisch mit dem Saft begießen. Olivenöl mit Petersilie, Salz und Pfeffer mischen. Fisch abgießen und mit dem gewürzten Olivenöl mischen. Die Tomate überbrühen, abziehen, Kerne und Stengelansätze entfernen und würfeln. Frühlingszwiebeln schälen und fein hacken. Chilischote ebenfalls hacken. Alles mit dem Fisch mischen, wenn nötig noch etwas Öl dazugeben. Salzen und pfeffern.

Avocados halbieren, Kern entfernen, Ceviche einfüllen und nach Belieben garnieren.

Eingelegte Auberginen

700 g möglichst kleine Auberginen
Salz
1 unbehandelte Zitrone
200 ml Olivenöl
4 EL Essig
3 Stengel frische Minze
3 Knoblauchzehen
2 kleine Chilischoten
1 Einmachglas (1000 g Inhalt)

Auberginen kalt abspülen, Stiele mit den Ansätzen abschneiden. Eine Schüssel halb mit kaltem Wasser füllen und 1 EL Salz darin auflösen. Zitrone abwaschen und in dünne Scheiben schneiden. Die Hälfte davon in das Wasser geben. Auberginen in dünne Scheiben schneiden und für eine Stunde in das Wasser legen.

Auberginenscheiben ausdrücken und zwischen 2 Küchentüchern oder Küchenkrepp trocknen. Auf beiden Seiten leicht mit Olivenöl einpinseln und unter dem heißen Grill beidseitig rösten. Man kann die Scheiben aber auch in einer beschichteten Pfanne bei guter Mittelhitze nebeneinander liegend beidseitig anbraten.

75 ml Olivenöl in ein Schüsselchen gießen. ½ TL Salz und den Essig unterrühren. Minze abspülen, trockenschütteln, Blättchen abzupfen. Knoblauch schälen, in Scheibchen schneiden.

Chilischoten halbieren, Stiele und Kerne entfernen und die Schoten grob hakken. In ein sorgfältig gereinigtes Einmachglas eine Schicht Auberginenscheiben legen. Mit etwas Öl-Essig-Mischung beträufeln, einige Minzeblättchen, etwas Knoblauch, ein wenig Chilischote und 1 Zitronenscheibe darauflegen. Eine weitere Lage Auberginen darauflegen, alles etwas zusammendrücken und weiter wie oben verfahren, bis alle Zutaten eingeschichtet und zusammengedrückt sind. Restliches Olivenöl obendrauf gießen, so daß alles gut bedeckt ist. Glas verschließen, Auberginen an einem kühlen Ort über Nacht durchziehen lassen.

Vor dem Servieren die Auberginen abtropfen lassen, allein oder mit anderem eingelegtem Gemüse auf einer Platte anrichten und mit frischer gehackter Petersilie bestreuen.

Die Auberginen sind kühl gelagert und immer mit Öl bedeckt ca. 4 Wochen haltbar.

Marinierte Möhren

1 kg Möhren
⅛ l Weißwein
⅛ l Essig
Salz
Zucker
2 EL zerstoßener Koriandersamen
4 EL Olivenöl
50 g Pinienkerne

Möhren schälen, Stiel- und Wurzelansätze abschneiden. Möhren in bleistiftdicke Stäbchen schneiden. Wein und Essig mit ¼ l Wasser und je ½ TL Salz und Zucker sowie dem Koriander einmal aufkochen lassen. Möhren hineingeben und 15 Minuten bei mittlerer Hitze zugedeckt garen. Möhren im Sud abkühlen, dann abtropfen lassen und auf eine Platte geben. ⅛ l Sud in ein Schüsselchen geben, Olivenöl, je 1 Prise Salz und Zucker unterrühren. Die Möhren damit beträufeln und 30 Minuten stehen lassen.

Pinienkerne in einer Pfanne ohne Fett unter Wenden hellbraun anrösten, vor dem Servieren über die Möhren streuen.

Marinierte Zucchini

500 g kleine Zucchini
6 EL Olivenöl
Salz
Pfeffer
4 EL Weißwein
2 EL Zitronensaft
2 Knoblauchzehen
2 Stengel frische Minze zum Bestreuen

Zucchini waschen, Blüten- und Stielansätze abschneiden. Beschädigte Stellen an den Schalen abschneiden. Zucchini in Streifen schneiden. 4 EL Olivenöl in einer Pfanne erhitzen und die Zucchinistreifen von beiden Seiten anbraten, auf eine Platte legen. 2 EL Olivenöl, ½ TL Salz, eine gute Prise Pfeffer, Wein und Zitronensaft verrühren.

Knoblauch schälen, durch die Presse drücken und unter die Marinade rühren, gleichmäßig über die Zucchini träufeln. Minze waschen, trockenschütteln, Blättchen abzupfen, in Streifen schneiden und über die Zucchini streuen.

Nach Belieben warm oder kalt servieren.

Marinierter Lauch

1500 g dünne Lauchstangen
50 g Korinthen
Salz
2 Knoblauchzehen
Zucker
100 ml Essig
2 Bund Dill
1 TL schwarze Pfefferkörner
⅛ l Olivenöl

Vom Lauch die harten grünen Blätter abschneiden. Eine Stangenseite einschneiden und gründlich unter kaltem Wasser waschen. Stangen in 5 cm lange Stücke schneiden.

Korinthen waschen und mit warmem Wasser bedeckt einweichen. In einem Topf ¾ l Wasser mit 1 TL Salz aufkochen. Lauch darin 10 Minuten garen, er darf nicht zerfallen und soll noch etwas Biß haben. Lauch aus dem Kochwasser nehmen, abtropfen lassen und in eine Schüssel legen. Gemüsewasser aufheben. Knoblauch schälen, in Scheibchen schneiden und zwischen den Lauch legen. ¼ l Gemüsesud in einen Topf füllen. Je 1 Prise Salz und Zucker sowie den Essig unterrühren. Die abgetropften Korinthen ebenfalls unterheben. Alles einmal aufkochen und abkühlen lassen.

Dill abspülen, trockenschütteln. Einige Zweige zum Garnieren beiseite legen. Von den übrigen Zweigen die Dillspitzen abzupfen und über den Lauch streuen. Pfefferkörner grob zerkleinern und unter den kalten Sud rühren. Sud mit Korinthen über den Lauch gießen. Olivenöl darüberträufeln und das Gemüse vorsichtig wenden. Zugedeckt mindestens eine Stunde kühl stellen und durchziehen lassen. Vor dem Servieren mit frischem Dill bestreuen.

Gebratene Kräuteroliven

200 g schwarze Oliven
3 Knoblauchzehen
3 EL Olivenöl
4 EL Essig
4 Zweige frischer Majoran
1 Bund glatte Petersilie

Oliven in einem Sieb kalt abspülen und abtropfen lassen. Knoblauch schälen und fein hacken. In einer kleinen Kasserolle das Olivenöl erhitzen und die Oliven bei mittlerer Hitze 5 Minuten braten. Knoblauch hinzufügen und weitere 2 Minuten unter Rühren weiterbraten. Essig zugießen, aufkochen und fast verdampfen lassen. Oliven beiseite stellen.

Kräuter abspülen, die Blättchen fein hacken und über die Oliven geben. Zum Aperitif die Oliven in ein Schälchen geben. Weißbrot und Wein dazu reichen.

Carpaccio aus roter Bete

500 g kleine Rote-Bete-Knollen
2 zarte Selleriestengel mit Grün aus dem Herz eines Staudensellerie
2 Knoblauchzehen
6 EL Olivenöl
Salz
3 EL Balsamico
1 Prise Pfeffer
1 Prise Koriander

Rote Bete unter fließendem kaltem Wasser gründlich abbürsten, in einen Topf legen und mit Wasser bedecken. Knollen zugedeckt bei mittlerer Hitze je nach Dicke 45–60 Minuten garen, bis man mit der Gabel hineinstechen kann. Rote Bete kalt abschrecken, schälen und abkühlen lassen.

Die Rote Bete in sehr dünne Scheiben schneiden und auf einer Platte auslegen. Selleriestengel abspülen, Enden abschneiden, in sehr kleine Würfelchen schneiden. Grün zum Garnieren beiseite legen. Knoblauch schälen und fein hacken. Aus Olivenöl, ½ TL Salz, Essig, Pfeffer und Koriander eine cremige Sauce rühren. Selleriewürfel und Knoblauch untermischen und alles auf den Rote-Bete-Scheiben verteilen. Mit den Sellerieblättern garnieren.

Carpaccio aus Rinderlende und Pecorino

200 g gut abgehangene Rinderlende ohne Sehnen und Fett
8 EL Olivenöl
2 EL Zitronensaft
Salz · Pfeffer
50 g Pecorino
2 Zweige Basilikum

Fleisch in Frischhaltefolie einwickeln und zum Anfrieren ca. eine Stunde ins Tiefkühlfach legen. Eine große Platte mit 2 EL Olivenöl einpinseln. Das übrige Olivenöl in ein Schüsselchen gießen, Zitronensaft und eine gute Prise Salz mit dem Schneebesen unterrühren, so daß eine feine, cremige Sauce entsteht. Fleisch mit einem sehr scharfen Messer oder mit dem elektrischen Allesschneider in hauchdünne Scheiben schneiden. Wer die Scheiben noch dünner haben will, legt sie auf die Folie und klopft sie vorsichtig mit der glatten Seite des Fleischklopfers.

Die Scheiben dicht aneinander auf der Platte ausbreiten und mit Pfeffer bestreuen, mit der Sauce beträufeln. Käse mit dem Gurkenhobel in Spänen darüberhobeln. Basilikum kurz abspülen, mit Küchenkrepp trockentupfen, Blättchen abzupfen und auf dem Fleisch verteilen.

Mit gerösteten Weißbrotscheiben servieren.

Auberginenpüree

2 große Auberginen
1 Zwiebel
2 Knoblauchzehen
4 EL Olivenöl
2 EL Zitronensaft
Salz
Pfeffer
2 EL frisch gehackte Petersilie
schwarze und grüne Oliven

Auberginen waschen, auf einen Spieß stecken und 10 Minuten über glühender Holzkohle grillen. Man kann die Auberginen aber auch im vorgeheizten Backofen bei 180 °C 4 Minuten backen. Auberginen etwas auskühlen lassen, dann schälen und das Fruchtfleisch auf einem Brett fein hacken.

Knoblauch pellen, die Zwiebel schälen und vierteln, beides mit dem Auberginenfleisch, Olivenöl, Zitronensaft, Salz und Pfeffer fein pürieren. In eine Schüssel geben, mit Petersilie und Oliven garnieren.

Mit Fladenbrot servieren.

Marinierte Sardinen

20 kleine Sardinen
3 EL Mehl
300 ml Olivenöl
2 Knoblauchzehen
½ TL Safran
1 TL gemahlener Ingwer
Salz
Pfeffer
4 EL Zitronensaft
1 unbehandelte Zitrone in Scheiben
4 Lorbeerblätter

Sardinen nach Belieben ganz verwenden oder ausnehmen, abwaschen und mit Küchenkrepp trockenreiben, mit Mehl bestäuben. 150 ml Olivenöl in eine Pfanne geben und die Sardinen darin etwa 3 Minuten von beiden Seiten anbraten, bis sie goldbraun sind. Herausnehmen und auf Küchenkrepp abtropfen lassen.

Die Sardinen in eine flache Servierschüssel legen. Den Knoblauch pellen und durch die Presse in das restliche Öl drücken, Safran, Ingwer, Zitronensaft, Salz und Pfeffer unterrühren, über die Fische verteilen.

Zitronenscheiben und Lorbeerblätter dekorativ darauflegen, Schüssel abdekken und 24 Stunden im Kühlschrank ziehen lassen. Mit knusprigem Weißbrot servieren.

Bunter Paprikastern

3 Paprikaschoten (rot, gelb, grün)
Salz
Pfeffer
3 Knoblauchzehen
5 EL Olivenöl
Salz
grober schwarzer Pfeffer

Paprika waschen, halbieren, Kerne und weiße Innenhaut entfernen, die Hälften mit der Haut nach oben auf ein mit Backtrennpapier ausgelegtes Blech legen und bei 250 °C grillen, bis die Haut schwarz wird.
Knoblauch pellen und sehr fein würfeln oder durch die Presse in das Olivenöl drücken. Eine Prise Salz zugeben. Die Paprikahälften unter kaltem Wasser ab-

schrecken, die Haut entfernen. Längs in 5 mm lange Streifen schneiden, diese sternförmig auf einem großen Teller in bunter Reihenfolge anordnen.

Knoblauchöl eßlöffelweise darüberträufeln und mit grobem Pfeffer nach Belieben bestreuen. Etwas ziehen lassen, dann mit Baguette servieren.

Gemüse mit Aioli

Für die Aioli:

3 Eigelb
2 Knoblauchzehen
2 EL Zitronensaft
200 ml Olivenöl
Salz
schwarzer Pfeffer

Gemüse:

175 g zarte grüne Bohnen
225 g junge Karotten
175 g kleine Champignons
175 g kleine Zucchini
225 g Bohnenkerne
25 g Butter

Für Aioli Knoblauch pellen und durch die Presse in das Eigelb drücken, den Zitronensaft unter Rühren dazugeben, dann das Olivenöl tröpfchenweise unterschlagen. Mit Salz und Pfeffer würzen.

Gemüse waschen. Alle Sorten getrennt nach Belieben mit etwas Butter kurz blanchieren, so daß das Gemüse noch Biß hat. Gemüse abtropfen lassen und auf einer vorgewärmten Platte anrichten. Aioli dazu als Dip servieren.

Die Aioli kann man im voraus zubereiten und bis zu 24 Stunden im Kühlschrank aufbewahren.

Grüne Bohnen mit Thunfisch

800 g zarte grüne Bohnen
Salz
2 große Fleischtomaten
3 Lauchzwiebeln
1 Bund glatte Petersilie
1 Dose Thunfisch im eigenen Saft (150 g)
4 EL Essig
4 EL Olivenöl
Pfeffer
3 Stengel Basilikum zum Garnieren

Von den Bohnen die Enden abschneiden, eventuell vorhandene Fäden abziehen. Bohnen waschen und abtropfen lassen. In einem großen Topf reichlich Wasser mit 1 TL Salz aufkochen und die Bohnen bei guter Mittelhitze 10 Minuten bißfest garen. Dann in einem Sieb abtropfen und abkühlen lassen.

Tomaten waschen und halbieren. Die Stielansätze herausschneiden, Kerne und Flüssigkeit mit einem Löffel herausnehmen. Tomatenfleisch klein würfeln.

Die Zwiebeln von Wurzelansätzen und harten Röhren befreien, die Stengel waschen, abtropfen lassen und in dünne Ringe schneiden. Petersilie waschen, trockenschütteln und die Blättchen hakken. Thunfisch abtropfen lassen und mit der Gabel zerzupfen.

In einem Schüsselchen Essig, Olivenöl, Salz und Pfeffer verrühren, Zwiebeln und Petersilie hinzufügen. Die lauwarmen Bohnen in eine Schüssel geben und die Marinade unterheben. 15 Minuten ziehen lassen.

Tomatenwürfel und Thunfischstücke locker unter die Bohnen heben, mit etwas Salz und Essig abschmecken und auf eine Platte geben. Basilikumblättchen abzupfen und darüberstreuen.

Gefüllte Zucchiniblüten

8 große Zucchiniblüten
2 große mehligkochende Kartoffeln
Salz
200 g kleine Zucchini
5 EL Olivenöl
1 Bund Basilikum
1 Zweig frischer Thymian
2 Knoblauchzehen
2 EL Sahne
2 EL frisch geriebener Parmesan
Pfeffer

Von den Blüten die Stiele bis auf 4 cm kürzen. Blüten in eine Schüssel mit kaltem Wasser behutsam hineintauchen, dann das Wasser vorsichtig abschütteln. Blüten in ein Sieb legen. Kartoffeln waschen, mit der Schale in leicht gesalzenem Wasser weich kochen und abtropfen lassen. Kartoffeln pellen und durch die Kartoffelpresse oder durch ein Sieb in eine Schüssel passieren.

Zucchini waschen, Stiel und Blütenansätze abschneiden, in Scheiben schneiden und in einen Topf geben, 1 EL Olivenöl und 3 EL Wasser sowie 1 Prise Salz unterrühren und zugedeckt bei sanfter Hitze in 15 Minuten weich kochen.

Backofen auf 250 °C vorheizen. Zucchini pürieren und zu den Kartoffeln geben. Basilikum und Thymian abspülen, trockenschleudern und die Blättchen hacken, unter die Kartoffeln und die Zucchini heben. Knoblauch schälen und durch die Presse dazudrücken. Sahne und Parmesan dazugeben und kräftig mit Salz und Pfeffer abschmecken.

Eine Auflaufform mit 1 EL Olivenöl einstreichen. Die Zucchiniblüten vorsichtig öffnen und den Blütenstempel herausschneiden. Blüten mit der vorbereiteten Masse füllen, die Öffnungen zusammendrücken. Blüten nebeneinander in die Form setzen, mit 3 EL Olivenöl beträufeln, in Ofenmitte 4 Minuten backen. Heiß servieren.

Salate

Spaghettisalat mit Kirschtomaten

250 g Gabelspaghetti
Salz
4 Frühlingszwiebeln
250 g Kirschtomaten
1 Dose Thunfisch im eigenen Saft
3 EL Essig
4 EL Olivenöl
Pfeffer
1 Knoblauchzehe

Die Spaghetti in reichlich kochendem Salzwasser bißfest garen. In ein Sieb abschütten, abspülen und gut abtropfen lassen. Frühlingszwiebeln putzen, waschen, in feine Ringe schneiden und in eine Schüssel geben. Die Kirschtomaten waschen, halbieren und dazugeben.

Thunfisch abtropfen lassen, in kleine Stücke teilen und mit den Spaghetti zu den anderen Zutaten geben.

Für die Sauce Essig, Olivenöl, Salz und Pfeffer mit dem Schneebesen glattrühren. Knoblauch schälen und durch die Presse dazudrücken, Sauce über die Zutaten gießen, ziehen lassen, abschmekken und eventuell nachwürzen.

Nudelsalat mit Räucherlachs

500 g Penne (kurze Makkaroni)
Salz
300 g Räucherlachs
1 kleine Salatgurke
4 EL Olivenöl
100 ml saure Sahne
2 EL Senf
1 EL Essig
Pfeffer
1 Bund Dill
1 Bund glatte Petersilie

Nudeln in reichlich kochendem Salzwasser bißfest garen, gut abtropfen lassen. Lachs in feine Streifen schneiden. Gurke gut waschen und nach Belieben mit oder ohne Schale in dünne Scheiben schneiden. Lachs und Gurke mit den abgekühlten Nudeln mischen.

Olivenöl, saure Sahne, Senf, Essig und Pfeffer verrühren, mit Salz abschmekken. Die Kräuter waschen, trockenschütteln und fein hacken, zur Marinade geben und über den Salat geben, alles gut durchmischen und nochmals abschmecken.

Fischsalat à la française

300 ml Weißwein
3 EL Olivenöl
1 Zwiebel
1 EL gehackte Petersilie
1 TL grob gehackter schwarzer Pfeffer
Salz
225 g Meeraal
350 g Merlanfilet
½ Salatgurke
4 große Kartoffeln
1 rote Bete (gekocht)
4 Anchovifilets
1 TL Kapern

Für die Sauce:
8 EL Olivenöl
2 EL Zitronensaft
Salz
Pfeffer
1 EL frisch gehackter Dill

Zwiebel schälen, in Scheiben schneiden, mit dem Weißwein, Olivenöl, Petersilie, Pfeffer und Salz in einen Topf geben, zum Kochen bringen und 5 Minuten köcheln lassen. Aal in 2,5 cm lange Stücke schneiden und in das Öl geben, zugedeckt 15 Minuten weiterköcheln lassen.

Merlanfilets auf den Aal legen, Topf zudecken und weitere 15 Minuten köcheln lassen, bis der Fisch weich ist. Fisch herausnehmen und abkühlen lassen.

Die Merlanfilets in 5 cm große Stücke schneiden und mit den Aalstücken in eine flache Schüssel geben. Gurke längs halbieren, entkernen und würfeln. Kartoffeln schälen und würfeln. Rote Bete schälen und würfeln. Anchovifilets grob hacken. Alles zusammen mit den Kapern auf dem Fisch verteilen.

Für die Sauce Olivenöl mit Zitronensaft, Salz, Pfeffer und Dill verrühren und über den Salat geben. Abschmecken und eventuell nachwürzen. Mindestens 2 Stunden im Kühlschrank ziehen lassen. Dazu reicht man Stangenweißbrot, das möglichst noch in Knoblauchöl getunkt wird.

Nizzasalat

1 grüner Salat
3 feste Tomaten
2 Eier (hartgekocht)
6 Anchovifilets
12 schwarze Oliven
2 TL Kapern
200 g Thunfisch in Öl
1 rote Paprikaschote
6 EL Olivenöl
1 Knoblauchzehe
Salz
Pfeffer
1 EL frisch gehackter Estragon

Den Salat ganz lassen, waschen und trockenschütteln. Die äußeren Blätter entfernen und um den Rand einer Schüssel legen. Das Salatherz vierteln und in die Mitte der Schüssel legen. Tomaten und Eier vierteln. Anchovis der Länge nach halbieren. Den Thunfisch abtropfen lassen. Paprika waschen, halbieren, Stengelansätze, Kerne und weiße Innenhaut entfernen und in Streifen scheiden.

Tomaten, Eier, Anchovifilets, Oliven, Kapern, Thunfisch in Stücken und die Paprikastreifen auf dem Salat anrichten.

Knoblauch schälen und fein hacken oder durch die Presse in das Öl drükken. Olivenöl, Salz, Pfeffer, Knoblauch und Estragon mischen, über den Salat gießen und vor dem Servieren leicht mischen.

Toskanischer Brotsalat

300 g altbackenes Landbrot
2 Gemüsezwiebeln
4 Knoblauchzehen
500 g reife Fleischtomaten
3 Paprikaschoten (rot, gelb, grün)
½ Bund Basilikum
Salz · Pfeffer
4 EL Essig · 4 EL Olivenöl

Brot in Scheiben schneiden. In einer Schüssel mit Wasser bedecken und einweichen. Zwiebeln und Knoblauch schälen, sehr fein hacken. Tomaten überbrühen, abziehen, Stielansätze und Kerne entfernen, fein würfeln. Paprika waschen, halbieren, Stengelansätze, Keime und weiße Innenhaut entfernen und in Streifen schneiden. Basilikumblätter in feine Streifen schneiden. Alles in einer

Schüssel mischen. Brot sorgfältig ausdrücken, zerkrümeln und hinzufügen. Salzen und pfeffern, mit Essig und mit Olivenöl beträufeln, gut mischen und im Kühlschrank zwei Stunden durchziehen lassen.

Vor dem Servieren noch einmal mit Essig und Öl abschmecken. Mit Basilikum garnieren.

Maissalat mit Paprika

1 Dose Maiskörner (400 g)
5 Paprikaschoten (rot, gelb, grün)
1 große Fleischtomate
1 kleine Salatgurke
1 Zwiebel
2 Knoblauchzehen
1 Bund glatte Petersilie
2 Bund Schnittlauch

Für die Marinade:
Salz
Pfeffer
3 EL Essig
1 EL kleine Kapern
4 EL Olivenöl
1 EL Tapenade (Olivencreme)
1 TL Sardellenpaste

Mais abtropfen lassen. Paprika halbieren, waschen, Stielansätze, Kerne und weiße Innenhaut entfernen, möglichst klein würfeln. Tomate überbrühen, häuten, Stielansatz und Kerne entfernen, fein würfeln. Salatgurke schälen, halbieren, Kerne mit einem Löffel herausschaben, ebenfalls fein würfeln. Im Idealfall sollten alle Gemüsestückchen die Größe der Maiskörner haben. Zwiebel und Knoblauch schälen und in noch kleinere Würfelchen schneiden. Petersilie und Schnittlauch ebenfalls klein schneiden.

Für die Marinade alle Zutaten in einen Becher geben und gut vermischen, über den Salat geben und alles gut mischen. Vor dem Servieren kurz ziehen lassen.

Meeresfrüchtesalat

400 g frische kleine Tintenfische (Sepia)
Saft von 1 ½ Zitronen
⅛ l Essig
5 Pfefferkörner
½ TL Fenchelsamen
Salz
1 kg Miesmuscheln
⅜ l Weißwein
1 Lorbeerblatt
300 g frische oder vorgekochte Scampi in der Schale

Für die Marinade:
2 Stangen Sellerie aus dem Herz der Staude
1 kleine rote Zwiebel
3 Knoblauchzehen
1 Bund glatte Petersilie
6 EL Olivenöl
Saft einer halben Zitrone
1 Prise Chilipulver
einige Salatblätter zum Anrichten

Tintenfische außen und innen kalt abspülen und abtropfen lassen. ½ l Wasser, den Saft einer Zitrone, Essig, Pfefferkörner, Fenchelsamen und ½ TL Salz aufkochen und die Tintenfische darin bei sanfter Hitze etwa 20 Minuten garen. Im Sud erkalten lassen.

Muscheln in eine Schüssel legen und mit kaltem Wasser bedeckt etwa 15 Minuten stehen lassen. In einem Sieb abtropfen lassen. Geöffnete Muscheln wegwerfen. Die geschlossenen Muscheln noch mehrmals in frischem, kaltem Wasser waschen, bis sich am Schüsselboden kein Sand mehr absetzt. Weißwein mit dem Lorbeerblatt aufkochen, die Muscheln darin bei mittlerer Hitze und mit geschlossenem Deckel ca. 10 Minuten dämpfen, bis sich alle Muscheln geöffnet haben. Die Muscheln in einem Sieb abtropfen lassen und nun noch geschlossene Muscheln wegwerfen. Aus den geöffneten gegarten Muscheln das Fleisch herausnehmen.

Scampi kalt abspülen. ½ l Wasser mit einer Prise Salz und dem Saft einer halben Zitrone aufkochen, Scampi darin 5 Minuten (vorgegarte Scampi nur 2 Minuten) garen, abtropfen und abkühlen lassen. Scampi-Panzer am Rücken entlang einschneiden, schwarzen Darm entfernen, Kopf mit einer leichten Drehung ablösen, Panzer öffnen und das Scampi-Fleisch herauslösen.

Tintenfische aus dem Sud nehmen und in Stücke schneiden, mit den Muscheln und Scampi in einer Schüssel geben. Sellerie abspülen und in kleine Scheibchen schneiden. Zwiebel schälen, vierteln und in Streifen schneiden. Knoblauch schälen und fein hacken. Petersilie abspülen, trockenschütteln und die Blättchen hacken, mit dem Gemüse und dem Knoblauch auf die Meeresfrüchte geben.

Für die Marinade Olivenöl, Zitronensaft, ¼ TL Salz und 1 Prise Chilipulver verrühren, über die Meeresfrüchte träufeln und alles gut mischen. Kühl stellen und ca. 30 Minuten ziehen lassen. Salatblätter abspülen, trockenschütteln und die Meeresfrüchte darauf anrichten.

Tomatensalat mit Feta-Käse

350 g Tomaten
1 Zwiebel
1 TL getrockneter Oregano
Salz
Pfeffer
100 g Feta-Käse
6 EL Olivenöl

Tomaten waschen, Stielansätze entfernen und in dünne Scheiben schneiden. Zwiebel schälen und ebenfalls in dünne Scheiben schneiden. Beides in einer flachen Schüssel anrichten. Oregano, Salz und Pfeffer darüberstreuen, Käse zerbröckeln und darauf verteilen. Olivenöl gleichmäßig darüberträufeln und mindestens 20 Minuten bei Zimmertemperatur ziehen lassen.

Taboulé mit Minze

250 Couscousgrieß
4 große Tomaten
4 Frühlingszwiebeln
1 Knoblauchzehe
4 EL frisch gehackte Petersilie
4 EL frisch gehackte Minze
6 EL Olivenöl
4 EL Zitronensaft
Salz
Pfeffer

Den Couscousgrieß nach Packungsanweisung zubereiten. Es gibt vorgegarte Sorten, die man nur in kaltem Wasser quellen lassen muß. Andere muß man kochen und abkühlen lassen.

Tomaten überbrühen, schälen, Stielansätze und Kerne entfernen, Fleisch fein würfeln. Zwiebeln und Knoblauch schälen und sehr fein hacken. Tomaten, Zwiebeln, Knoblauch, Petersilie und Minze unter den Grieß heben. Olivenöl mit Zitronensaft, Salz und Pfeffer verrühren und über die Zutaten geben. Gut durchziehen lassen, eventuell nachwürzen.

Spinatsalat mit Champignons

500 g zarte Spinatblätter
250 g feste, frische Champignons
1 Zitrone
1 Schalotte
1 Knoblauchzehe
1 unbehandelte Orange
3 EL Olivenöl
1 EL Balsamico
Salz
Pfeffer
1 TL Senf

Spinatblätter sorgfältig verlesen, dabei alle Stiele abschneiden, waschen und gut abtropfen lassen. Pilze putzen und auf dem Gurkenhobel in gleichmäßig feine Scheibchen schneiden, mit etwas Zitronensaft beträufeln, damit sie weiß bleiben.

Schalotte und den Knoblauch schälen, sehr fein hacken. Von der Orange mit einem Zestenschneider hauchdünne Streifen abziehen oder mit einem Messer die Schale hauchdünn abschneiden. Die Schale in millimeterfeine Streifchen schneiden. 1 EL Olivenöl in einer kleinen Pfanne erhitzen, Schalotte, Knoblauch und Orangenschale darin andünsten. Mit dem Saft der Orange und einigen Tropfen Essig ablöschen und etwas einköcheln lassen.

Restlichen Zitronensaft, Olivenöl, Balsamico und den Pfanneninhalt mischen, salzen und pfeffern und Senf unterziehen. Spinat und Champignons mischen, Sauce darübergeben und vorsichtig vermischen.

Bauernsalat mit Schafskäse

400 g Tomaten
1 Salatgurke
250 g rote Zwiebeln
2 grüne Paprikaschoten
100 g schwarze Oliven
4 EL Olivenöl
4 EL Zitronensaft
Salz · Pfeffer
200 g Feta-Käse
½ TL Oregano

Tomaten und Gurke waschen. Tomaten achteln, dabei die Stielansätze entfernen. Von der Gurke die äußeren Enden abschneiden und in dicke Scheiben teilen. Die Zwiebeln schälen und in Ringe schneiden. Paprikaschoten halbieren, Stielansätze, Kerne und weiße Innenhaut entfernen, waschen und in Streifen schneiden.

Gemüse auf einem großen Teller anrichten, Oliven darüber verteilen. Aus 3 EL Olivenöl, Zitronensaft, Salz und Pfeffer eine Marinade rühren und über den Salat träufeln. Den Käse zerbröckeln und auf den Salat geben, mit Oregano bestreuen.

Restliches Olivenöl darüberträufeln und den Salat sofort servieren.

Artischocken-Blatt-Salat

750 ml Weißwein
4 EL Zitronensaft
1 Zweig Rosmarin
8 EL Olivenöl
Salz
Pfeffer
8 kleine Artischocken
5 Eier
2 EL Senf
1 Knoblauchzehe
1 Bund glatte Petersilie
100 g Staudensellerie
100 g Radieschen
50 g Rauke
100 g Chicorée
150 g Römersalat
75 g Radicchio

Wein mit Zitronensaft, Rosmarinzweig, 3 EL Olivenöl, Salz und Pfeffer zum Kochen bringen und vom Herd ziehen.

Artischocken nacheinander putzen und sofort in den Weinsud legen. Dazu alle harten Artischockenblätter um und über dem Boden abschneiden. Stiel mit einem kleinen Messer schälen und die harten Blätter um den Stielansatz wegschneiden. „Heu" mit einem Kugelausstecher oder einem Teelöffel herauslösen.

Artischocken im geschlossenen Topf ca. 15 Minuten leise kochen, dann im Sud abkühlen lassen. Knoblauch schälen und durch die Presse drücken. Eier hart kochen, abschrecken und pellen. Eigelb herauslösen und in einen Rührbecher geben, Senf, Knoblauch, Salz und Pfeffer dazugeben.

200 ml durchgeseihten Artischockensud mit dem restlichen Olivenöl mischen, zur Eigelbmischung geben, alles pürieren. Petersilie fein hacken und dazugeben.

Vom Staudensellerie die Blätter beiseite legen. Sellerie in feine Scheiben schneiden. Radieschen putzen und in hauchdünne Scheiben schneiden. Rauke putzen.

Vom Chicorée den Strunk herausschneiden und in Streifen schneiden. Römersalat putzen und die zarten Blätter in mundgerechte Stücke schneiden.

Radicchio grob zerzupfen. Artischocken aus dem Sud nehmen. Erst kurz vor dem Servieren alle Salatzutaten locker mit der Sauce mischen.

Blattsalat mit Sprossen und Roquefort

1 Bataviasalat oder
fester Kopfsalat
½ Salatgurke
2 Stangen Staudensellerie
50 g Linsensprossen
50 g Sojabohnensprossen
50 g Alfalfasprossen
50 g Radieschensprossen
1 kleine Zwiebel
2 EL Essig
Salz
1 Prise Zucker
Pfeffer
6 EL Olivenöl
1 EL Pinienkerne
2 EL fein gehackte Kräuter
(z.B. Petersilie, Schnittlauch,
Kerbel, Zitronenmelisse)
100 g Roquefort

Salat putzen, waschen und in mundgerechte Stücke zerpflücken. Gurke gründlich waschen, nach Geschmack mit oder ohne Schale der Länge nach halbieren und in Stücke schneiden. Sellerie putzen, waschen und in Halbmonde teilen. Linsen- und Sojabohnensprossen kurz heiß abspülen, die übrigen Sprossen kalt abspülen. Alles sehr gut abtropfen lassen. Alle vorbereiteten Zutaten in eine große Schüssel geben.

Zwiebel abziehen und fein würfeln. Zwiebeln mit Essig, Salz, Zucker, Pfeffer und Olivenöl verrühren. Pinienkerne in einer Pfanne ohne Fett goldgelb rösten und im Mixer zermahlen, unter die Vinaigrette ziehen und über den Salat geben, vorsichtig mischen, Kräuter zufügen. Käse würfeln und zum Schluß über den Salat streuen.

Warmer Zuckerschotensalat

600 g Zuckerschoten
200 g kleine Möhren
3 Lauchzwiebeln
1 Petersilienwurzel
Salz
1 Kästchen Kresse
2 Stengel Zitronenmelisse
4 EL Olivenöl
3 EL Essig
Pfeffer

Gemüse waschen und abtropfen lassen. Von den Zuckerschoten die Enden abschneiden, eventuell vorhandene Fäden abziehen. Möhren schälen und längs in dünne Scheiben schneiden. Von den Lauchzwiebeln Wurzeln und harte Blätter abschneiden, in Scheiben schneiden. Petersilienwurzel schälen und in Scheiben schneiden.

Zuckerschoten in kochendem Salzwasser 2 Minuten blanchieren, in Eiswasser tauchen und abtropfen lassen. Zwiebeln ebenso blanchieren. Möhren und Petersilienwurzel 3 Minuten blanchieren. Gemüse in ein Sieb geben und zugedeckt warm halten.

Die Kresse mit der Küchenschere abschneiden, Zitronenmelisse abzupfen, waschen und trockentupfen. Olivenöl, Essig, je 1 Prise Salz und Pfeffer zu einer Marinade verrühren. Gemüse und Kräuter auf Teller verteilen, mit dem Dressing beträufeln, sofort servieren.

Avocadosalat mit Rinderfilet und Kokosnuß

(für 6 Personen)
250 g Rinderfilet
2 EL Olivenöl zum Braten
3 EL Sojasauce
Pfeffer
1 rote Chilischote
Saft einer Zitrone
200 g sehr dünne grüne Böhnchen
etwas Bohnenkraut
Salz
2 reife Avocados
1 kleine reife Mango
1 Kopf Eichblattsalat
100 g frisches Kokosnußfleisch (ersatzweise 50 g Kokosraspel)
1 EL Zucker
3 EL Essig
1 TL Senf
4 EL Olivenöl

Filet waschen, trockentupfen und in dünne Scheiben schneiden. Olivenöl in einer Pfanne erhitzen, Fleisch darin unter Rühren 1 Minute anbraten. Mit Sojasauce ablöschen, mit Pfeffer würzen.

Chilischote längs halbieren, die Kerne herausschneiden, Schote gut waschen, dann fein würfeln. Zusammen mit dem Saft einer halben Zitrone zum Fleisch geben. Auf dem abgeschalteten Herd 10 Minuten ziehen lassen. Bohnen waschen, putzen und zusammen mit dem Bohnenkraut in kochendem Salzwasser 7 Minuten garen. Abgießen, in Eiswasser abschrecken, das Bohnenkraut entfernen und die Bohnen auskühlen lassen.

Avocados halbieren, die Steine entfernen, Früchte schälen und in gleichmäßige Spalten schneiden, mit dem restlichen Zitronensaft beträufeln. Mango schälen, die Frucht links und rechts vom Stein trennen und in dünne Spalten schneiden. Salat putzen, waschen, trokkenschütteln und zerpflücken. Alle vorbereiteten Zutaten auf einer Platte oder in einer Schüssel anrichten.

Kokosnußfleisch raspeln und zusammen mit dem Zucker in einer Pfanne ohne Fett goldgelb rösten. Essig mit etwas Salz, Pfeffer und Senf verrühren, Olivenöl dazugeben, gut verrühren und über den Salat geben. Mit gerösteter Kokosraspel bestreut servieren.

Suppen und Eintöpfe

Minestrone mit Kichererbsen

200 g Kichererbsen
(ersatzweise 1 Dose mit
400 g Einwaage)
4 Fenchelknollen
1 Knoblauchzehe
1 Bund glatte Petersilie
6 EL Olivenöl
Salz
Pfeffer
4 Scheiben Weißbrot
Pecorino oder Parmesan
zum Bestreuen

Kichererbsen über Nacht einweichen, am nächsten Tag in einen Topf geben und gut mit kaltem Wasser bedeckt 45 Minuten kochen, bis sie weich sind. Im Sud abkühlen lassen, dann in einem Sieb abtropfen lassen. Falls Kichererbsen aus der Dose verwendet werden, diese ebenfalls in einem Sieb abtropfen lassen.

Fenchelknollen waschen und abtropfen lassen. Das Fenchelgrün abschneiden und in einem Frischhaltebeutel beiseite legen. Von den Knollen die Ansätze und harten Stiele, falls nötig auch die äußere Schicht, abschneiden. Knollen vierteln und in Streifen schneiden.

Knoblauch schälen und fein hacken. Petersilie abspülen, trockenschütteln und die Blättchen hacken. 3 EL Olivenöl in einem großen Topf mittelstark erhitzen. Fenchel, Knoblauch und Petersilie unter Rühren darin 2 Minuten dünsten, 1½ l Wasser zugießen und alles zugedeckt bei sanfter Hitze 10 Minuten kochen.

Kichererbsen in die Suppe geben, mit Salz und Pfeffer abschmecken und alles weitere 10 Minuten zugedeckt sanft kochen lassen.

Das Brot in Würfelchen schneiden. 3 EL Olivenöl in einer Pfanne erhitzen. Die Brotwürfel darin rundherum knusprig braten. Fenchelgrün grob hacken. Brot auf die Teller verteilen, die Suppe daraufgeben und mit Fenchelgrün bestreuen.

Nach Belieben mit Pecorino oder Parmesan bestreuen.

Bohneneintopf mit Schweinefleisch

200 g große weiße Bohnen
800 g Schweinefleisch aus der Schulter
1 Zwiebel
4 EL Olivenöl
1 Dose geschälte Tomaten (240 g)
1 EL Ketchup
Salz
Pfeffer
½ Bund glatte Petersilie

Bohnen mit reichlich kaltem Wasser bedeckt über Nacht einweichen, abgießen, so viel kaltes Wasser aufgießen, daß sie gut bedeckt sind. Offen aufkochen und abschäumen. Bei milder Hitze zugedeckt 45 Minuten garen.

Inzwischen das Fleisch abspülen, trockentupfen und in große Würfel schneiden. Zwiebel schälen und klein würfeln. Olivenöl erhitzen, Fleisch und Zwiebel darin anbraten, Ketchup und Tomaten mit dem Saft dazugeben und zerdrükken. Salzen und pfeffern. Zugedeckt bei schwacher Hitze ca. 1 Stunde kochen.

Bohnen aus dem Kochsud heben und unter das Fleisch mischen. So viel von dem Sud angießen, daß reichlich Suppe entsteht.

Alles zugedeckt bei schwacher Hitze 30 Minuten garen, dann abschmecken. Petersilie waschen und trockenschütteln, die Blättchen hacken und vor dem Servieren darüberstreuen.

Minestrone mit Zuckerschoten und Artischocken

4 kleine Artischocken
Saft einer Zitrone
100 g luftgetrockneter roher Schinken
2 Knoblauchzehen
500 g zarte Zuckerschoten
5 EL Olivenöl
1 Bund glatte Petersilie
Salz
Pfeffer
4 kleine Scheiben Weißbrot
50 g Parmesan

Artischocken gründlich waschen, harte Blattkränze großzügig abschneiden. Die übrigen Blattspitzen bis zum fleischigen Ansatz ebenfalls abschneiden und das „Heu" in der Mitte mit einem Löffelchen auskratzen. Die Stiele bis auf 1 cm kürzen und einschließlich der Artischokkenböden schälen. Die Artischocken in Achtel schneiden und bis zur Weiterverwendung in kaltes Wasser mit Zitronensaft legen. Schinken klein würfeln, die Knoblauchzehen schälen und hacken. Zuckerschoten abspülen, die Stielchen entfernen. Fäden, falls vorhanden, abziehen. Große Schoten halbieren.

3 EL Olivenöl in einem Topf mittelstark erhitzen, Schinken und Knoblauch darin glasig braten. Artischocken abtropfen lassen und in den Topf geben. 3 Minuten unter Rühren mitdünsten, dann 1½ l Wasser zugießen und die Artischocken zugedeckt 10 Minuten sanft kochen. Die Zuckerschoten unterrühren und alles noch 10 Minuten zugedeckt kochen lassen. Petersilie abspülen, trockenschütteln, die Blättchen fein hacken und unterrühren. Suppe mit Salz und Pfeffer abschmecken, noch 5 Minuten kochen lassen. Weißbrotscheiben toasten und in die Teller legen. Das restliche Olivenöl darüberträufeln, Suppe daraufgeben, Parmesan in Spänen daraufhobeln und servieren.

Minestrone mit buntem Gemüse

50 g luftgetrockneter, magerer Speck
1 Bund Lauchzwiebeln
2 zarte Stengel Staudensellerie
2 Möhren
2 Kartoffeln
2 Zucchini
200 g grüne Bohnen
6 EL Olivenöl
4 große reife Tomaten
1 EL Ketchup
1 ½ l heiße Gemüsebrühe
Salz
Pfeffer
100 g Rundkornreis
1 Bund glatte Petersilie
4 EL frisch geriebener Parmesan

Speck fein würfeln. Von den Lauchzwiebeln Wurzelansätze und harte Röhren abschneiden. Zwiebeln waschen und würfeln. Staudensellerie waschen und in Scheiben schneiden. Möhren und Kartoffeln schälen und würfeln. Zucchini waschen, Stiel- und Blütenansätze abschneiden. Gemüse in dünne Scheiben schneiden. Die Bohnen waschen, putzen und in mundgerechte Stücke schneiden.

In einem Topf Speck bei guter Mittelhitze unter Rühren auslassen, Olivenöl hinzufügen, Zwiebeln dazugeben und glasig braten. Das übrige Gemüse dazugeben und eine Minute mitdünsten.

Die Tomaten kurz überbrühen, häuten, Stielansätze und Kerne entfernen, Tomatenfleisch würfeln und zu dem Gemüse geben. Ketchup und Gemüsebrühe dazugießen. Suppe zugedeckt 20 Minuten bei sanfter Wärmezufuhr kochen.

Suppe mit Salz und Pfeffer abschmekken, Reis unterrühren, 20 Minuten offen weiterkochen. Petersilie waschen, trokkenschütteln und die Blättchen hacken, in die Suppe geben und noch einmal abschmecken. Die Suppe in Suppenschüsseln geben, je 1 EL Parmesan unterrühren und servieren.

Kreolischer Reiseintopf

(für 6 Personen)
1 ½ l heiße Hühnerbrühe
2 Hühnerbrustfilets
2 Hühnerkeulen
2 Lorbeerblätter
½ Stange Zimt
4 Pimentkörner
150 g Zwiebeln
3 Knoblauchzehen
3 Paprikaschoten (rot, gelb, grün)
150 g Vorderschinken am Stück
500 g Fleischtomaten
2 frische rote Chilischoten
4 EL Olivenöl
250 g Langkornreis
Salz
½ TL Cayennepfeffer
1 TL Thymianblätter
½ TL Rosenpaprika
200 g ausgelöste Shrimps
6 kleine Garnelen
2 Lauchzwiebeln
Tabasco

Hühnerbrühe in einem großen Topf aufkochen, Hühnerfleisch, Lorbeerblätter, Zimt und Piment dazugeben, zugedeckt bei milder Hitze 10 Minuten ziehen lassen. Zwiebeln und Knoblauch schälen, in Scheiben schneiden. Paprikaschoten halbieren, Stielansätze, Kerne und weiße Innenhaut entfernen, waschen und in 2 cm große Würfel schneiden. Schinken würfeln.

Tomaten überbrühen, häuten, halbieren und entkernen. Fruchtfleisch grob würfeln. Chilischoten waschen. Hähnchenfleisch aus der Brühe nehmen, etwas abgekühlt quer in Scheiben schneiden. Gewürze aus der Brühe nehmen.

In einem großen Topf Zwiebeln und Knoblauch im Olivenöl glasig dünsten, Paprikawürfel hinzufügen und kurz mitdünsten. Reis daruntermischen und mit der Hühnerbrühe ablöschen.

Salz, Cayennepfeffer, Pimentkörner, gewaschenen Thymian und Rosenpaprika, Schinken, Hühnerfleisch, Tomaten, Chilischoten und Shrimps in den Topf geben. Aufkochen und bei milder Hitze ca. 20 Minuten köcheln lassen, bis der Reis gar, aber noch körnig ist.

Lauchzwiebeln putzen, waschen und in feine Ringe schneiden. Reiseintopf mit Salz und Tabasco scharf abschmekken. Zum Servieren Eintopf auf die Teller geben, mit je einer Garnele und den Lauchzwiebelringen garniert servieren.

Möhrencreme mit Polentaklößchen

250 g Möhren
1 Stange Lauch
6 EL Olivenöl
1 EL Mehl
400 ml heiße Gemüsebrühe
Salz
60 g Maisgrieß
2 Eier
½ Bund Petersilie
½ Bund Schnittlauch
½ Bund Dill
100 g Schmand
2 EL frisch geraspelter Meerrettich
2 EL Zitronensaft

Möhren schälen und grob raspeln. Den Lauch längs halbieren und quer in dünne Scheiben schneiden. Gemüse in 2 EL Olivenöl andünsten, mit Mehl bestäuben und unter Rühren anrösten. Mit Gemüsebrühe ablöschen, umrühren und zugedeckt 15 Minuten leise garen.

In einem Topf ⅛ l Wasser mit dem restlichen Olivenöl und etwas Salz aufkochen. Maisgrieß einrieseln lassen und unter kräftigem Rühren aufkochen, bis sich die Masse als Kloß vom Topfboden löst. Weiterkochen, bis sich ein Belag am Topfboden bildet. Polenta vom Herd nehmen und nacheinander 1 Ei und 1 Eigelb unterrühren. Kräuter waschen und fein hacken, die Hälfte davon unter die Grießmasse rühren. Eiweiß steif schlagen und unterheben. Mit 2 Teelöffeln die Nocken abstechen und in kochendem Salzwasser 10 Minuten garen.

Schmand unter die Möhrensuppe rühren, mit Meerrettich und Zitronensaft würzen und mit Salz abschmecken. Suppe auf vorgewärmte Teller verteilen, Klößchen darauf anrichten und mit den restlichen Kräutern bestreut servieren.

Knoblauchsuppe mit Kabeljaufilet

(für 6 Personen)
300 g Kabeljaufilet
2 rote Zwiebeln
1 grüne Peperoni
½ Bund Schnittlauch
1 Limette
300 g reife Tomaten
4 große Knoblauchzehen
6 EL Olivenöl
800 ml heiße Gemüsebrühe
1 Zweig Minze
1 Zweig Zitronenmelisse

Aus dem Kabeljaufilet eventuell vorhandene Gräten entfernen, in Folie wickeln und ca. 30 Minuten anfrieren. Dann gleichmäßig in dünne Scheiben schneiden und in tiefe Teller legen. Zwiebeln schälen, in hauchdünne Ringe schneiden und auf dem Fisch verteilen. Peperoni längs halbieren, putzen, waschen, und quer in dünne Scheiben schneiden. Schnittlauch in feine Röllchen schneiden. Limettenschale abwaschen und fein abreiben, Limette auspressen.

Peperoni, Schnittlauch, Limettenschale und -saft über den Fisch geben. Die Teller mit Alufolie bedecken, übereinanderschichten und kalt stellen.

Tomaten überbrühen, häuten, in Spalten schneiden, Saft und Kerne herausdrücken. Knoblauch pellen und längs in sehr feine Scheiben schneiden. Olivenöl erhitzen, den Knoblauch 5 Minuten bei schwacher Hitze unter Rühren darin dünsten, Brühe zugießen und erhitzen, Tomaten zugeben und 5 Minuten darin ziehen lassen, dann wieder herausnehmen. Kräuter von den Stielen zupfen.

Teller nebeneinander stellen, Folie abnehmen. Suppe so heiß werden lassen, daß sie kocht. Tomaten auf die Teller verteilen, mit Kräutern bestreut servieren. Suppe separat dazu reichen, bei Tisch in die vorbereiteten Teller füllen.

Staudenselleriesuppe mit Gorgonzolaklößchen

1 Staudensellerie
80 g Schalotten
5 EL Olivenöl
1 l heiße Gemüsebrühe
80 g getrocknete Tomaten
1 TL Sardellenpaste
40 g Butter
65 g Mehl
100 g Gorgonzola
2 Eier
Olivenöl zum Backen

Staudensellerie halbieren, äußere holzige Stangen entfernen, restliche Stangen abfädeln und in dünne Scheiben schneiden. Zarte Blättchen beiseite legen. Die Schalotten schälen und sehr fein würfeln. Olivenöl in einem Topf erhitzen, Schalotten und Staudensellerie darin andünsten. Gemüsebrühe dazugießen. Tomaten in kleine Würfel schneiden und dazugeben. Die Sardellenpaste unterrühren. Sellerie in ca. 10 Minuten bißfest garen.

Für die Klößchen ⅛ l Wasser mit der Butter aufkochen, Mehl einrühren und so lange weiterrühren, bis sich ein Kloß bildet, der sich vom Topf löst. Masse in eine Schüssel geben und etwas abkühlen lassen. Gorgonzola entrinden und durch ein Sieb streichen. Eier nach und nach mit einem Kochlöffel unter den Teig rühren, dann den Käse untermischen. Mit 2 Eßlöffeln 24 Klößchen abstechen und auf ein geöltes Backpapier setzen. Klößchen in kochendes Salzwasser geben und ca. 8 Minuten sieden lassen.

Selleriegrün grob zerkleinern. Zum Servieren die Suppe in vorgewärmte Teller füllen, Klößchen hineinsetzen und mit Selleriegrün bestreuen.

Pot-au-feu mit Kalbshaxe und Wirsing

(für 8 Personen)
250 g weiße Bohnen
1 Poularde
Salz
10 EL Olivenöl
4 Scheiben Kalbshaxe
1 Bund Thymian
1 TL Fenchelsamen
½ Kopf Wirsing
350 g Möhren
250 g Knollensellerie
1 Dose geschälte Tomaten (800 g)
2 Knoblauchzehen
Pfeffer
Muskat

Bohnen am Vortag in reichlich Wasser einweichen und am nächsten Tag 30 Minuten im Einweichwasser kochen, dann abgießen.

Poularde in 12 Stücke zerteilen, Keulen abtrennen und am Gelenk durchschneiden. Brust mit den Flügeln abschneiden, längs teilen und quer in drei Stücke teilen. Rücken in 2 Teile schneiden. Poulardenstücke salzen und in einem großen Schmortopf in 5 EL heißem Olivenöl rundum goldbraun braten und herausnehmen.

Haxen salzen und in demselben Öl von beiden Seiten anbraten. Thymian hakken, eine Hälfte mit dem Fenchelsamen auf das Kalbfleisch streuen. 2 l Wasser und die Bohnen dazugeben. Zugedeckt insgesamt 1¾ Stunden bei schwacher Hitze leise kochen. Nach 30 Minuten die Poulardenteile dazugeben.

Wirsing und Sellerie putzen, vierteln und in 3 cm breiten Streifen vom Strunk schneiden. Die Möhren schälen und in Stücke schneiden. Das Gemüse nach 1¼ Stunden Kochzeit dazugeben. Die Tomaten abgießen, abbrausen, einmal quer durchschneiden und zuletzt im Pot-au-feu heiß werden lassen.

Knoblauch pellen und durch die Presse drücken. Pot-au-feu mit Knoblauch, Salz, Pfeffer und viel Muskat würzen, umrühren und abschmecken. 10 Minuten auf der ausgeschalteten Herdplatte ziehen lassen, dann das restliche Olivenöl unterziehen und mit dem restlichen Thymian bestreut servieren.

Zwiebelsuppe mit Pesto-Röstbrot und Ei

- *750 g Zwiebeln*
- *1 Knolle Knoblauch*
- *6 EL Olivenöl*
- *200 ml Weißwein*
- *800 ml heiße Gemüsebrühe*
- *Salz*
- *Pfeffer*
- *1 Bund glatte Petersilie*
- *½ Bund Majoran*
- *50 g Pinienkerne*
- *50 g Parmesan*
- *12 Scheiben italienisches Brot*
- *4 Eier*
- *Paprikapulver, edelsüß*
- *1 Bund Schnittlauch*

Zwiebeln schälen, halbieren, in 2 mm dünne Ringe schneiden. Die Knoblauchknolle in Zehen zerteilen, Zehen pellen und längs in Scheiben schneiden. Beides in 3 EL Olivenöl unter gelegentlichem Umrühren bei schwacher Hitze 30 Minuten zugedeckt dünsten. Mit Gemüsebrühe und Wein auffüllen, mit Salz und Pfeffer würzen und ohne Deckel bei schwacher Hitze 5 Minuten kochen.

In der Zwischenzeit Petersilie und Majoran grob hacken. Pinienkerne in einer Pfanne ohne Fett hellbraun rösten. Parmesan grob raspeln. Die Zutaten mit 2 EL Olivenöl nicht zu fein pürieren und auf die Brotscheiben streichen. Backofen auf 200 °C vorheizen. Ein Backblech mit dem restlichen Öl einstreichen, Brote daraufsetzen und auf der 2. Einschubleiste von oben ca. 8 Minuten rösten.

Eier in ca. 10 Minuten hart kochen, abschrecken, pellen und halbieren, mit Paprika bestreuen. Schnittlauch in Röllchen schneiden. Brote und Eier in der heißen Suppe anrichten, mit Schnittlauch bestreut servieren.

Soupe au pistou

(für 6 Personen)
250 g weiße Bohnen
1 kg dicke Bohnen
500 g grüne Bohnen
2 große Kartoffeln
2 reife Tomaten
500 g Zucchini
2 Stangen Lauch
1 Staudensellerie
Salz
Pfeffer
100 g kurze Makkaroni (Penne)

Für das Pistou:
2 kleine Tomaten
5 Knoblauchzehen
2 Bund Basilikum
100 g Gruyère
5 EL Olivenöl

Bohnen über Nacht einweichen.

Die weißen Bohnen mit 3 l Wasser und dem Einweichwasser zum Kochen bringen. 2 Stunden garen. Die dicken Bohnen aus den Schoten lösen und häuten. Grüne Bohnen waschen, putzen und halbieren. Kartoffeln schälen, würfeln und mit Wasser bedeckt beiseite stellen. Von den Tomaten die Stielansätze herausschneiden, Haut einritzen, kurz überbrühen und häuten.

Zucchini waschen, putzen und in 1 cm dicke Scheiben schneiden. Lauch waschen, putzen und das Weiße und Hellgrüne der Stangen in Scheiben schneiden. Das zarte Innere des Staudensellerie fein würfeln. Einige Blätter beiseite legen.

Nach Ablauf der Kochzeit für die weißen Bohnen die Kartoffelwürfel, die dikken Bohnen, Lauch, Staudensellerie und Tomaten zugeben. Eine weitere Stunde zugedeckt bei milder Hitze garen. Salzen und pfeffern.

Dann die grünen Bohnen, Zucchinischeiben und Makkaroni zugeben und weitere 20 Minuten ohne Deckel sanft kochen lassen. Wenn nötig nachwürzen. Sollte die Suppe zu dick sein, etwas Wasser zugeben.

Für das Pistou die Tomaten unter dem vorgeheizten Grill von jeder Seite 3 Minuten garen, häuten, entkernen und zerdrücken. Knoblauchzehen pellen und durch die Presse drücken. Basilikumblätter abzupfen. Gruyère fein reiben.

Knoblauch, Tomaten, Basilikum und Käse fein pürieren. Nach und nach das Olivenöl zugeben. Pistou mit 3 EL Brühe aus der Suppe glattrühren.

Zum Servieren je 1 EL Pistou auf die Teller geben und die Bohnensuppe darüberschöpfen. Mit Sellerieblättern garnieren. Baguette dazu reichen.

Kalte Gurkensuppe

1 Salatgurke
1 ½ Becher Kefir (750 ml)
3 EL Olivenöl
Salz
Pfeffer
1 Knoblauchzehe
150 g milder Schafskäse
3 Dillzweige

Gurke schälen und längs halbieren. Eine Gurkenhälfte mit einem Löffel entkernen und pürieren. Knoblauchzehe pellen, durch die Presse drücken. Kefir, Olivenöl, Salz, Pfeffer und Knoblauch dazugeben und nochmals pürieren. Kalt stellen. Die andere Gurkenhälfte ebenfalls entkernen und fein würfeln. Die gekühlte Suppe auf Tellern anrichten. Mit Gurken- und Schafskäsewürfeln bestreuen. Mit Dill garnieren.

Baguette mit Knoblauchbutter dazu reichen.

Rotwein-Wildbrühe mit Maronengnocchi

(für 6 Personen)
400 g Suppengrün
150 g Zwiebeln
1 kg Rehknochen (kleingehackt)
9 EL Olivenöl
2 EL Tomatenmark
½ l kräftiger Rotwein
1,6 l Wildfond (a. d. Glas)
4 Gewürznelken
10 Wacholderbeeren
1 EL Pfefferkörner
2 Zweige Thymian
1 Zweig Rosmarin
125 g Kartoffeln
Salz
35 g Speisestärke
1 Eigelb
Pfeffer
50 g geschälte Maronen
etwas Mehl

Suppengrün putzen und klein würfeln. Zwiebeln pellen und ebenfalls würfeln. Rehknochen in einem breiten Topf bei starker Hitze in 6 EL Olivenöl gleichmäßig knusprig anrösten. Suppengrün- und Zwiebelwürfel dazugeben und kurz mit anrösten. Tomatenmark schnell untermischen und mit Rotwein auffüllen.

Etwa auf die Hälfte einkochen lassen. Anschließend mit Wildfond auffüllen, Gewürznelken, Wacholderbeeren, Pfefferkörner, Thymian und Rosmarin dazugeben. Eine Stunde leise kochen lassen, dabei öfter abschäumen.

In der Zwischenzeit die Kartoffeln mit der Schale in Salzwasser garen und so warm wie möglich pellen. Sofort durch die Kartoffelpresse drücken und mit der Stärke, Eigelb, 1 EL Olivenöl, Salz und Pfeffer rasch zu einem glatten Teig verarbeiten. Den Gnocchi-Teig abgedeckt bei Zimmertemperatur 30 Minuten ruhen lassen.

Die Maronen etwa ½ cm groß würfeln und im restlichen Olivenöl leicht anbraten, dann salzen.

Gnocchi-Teig auf einer leicht bemehlten Arbeitsfläche zu einer 40 cm langen Rolle formen, in 2 cm lange Stücke schneiden. Stücke zu Klößchen formen, in der Handfläche flachdrücken und Maronenstücke in die Mitte setzen. Klöße um die Maronenstücke herum oval formen. Anschließend mit der Gabel leicht eindrücken oder über ein Gnocchi-Brettchen rollen.

Gnocchi in leicht kochendes Salzwasser gleiten lassen und ca. 8 Minuten ganz leise sieden lassen.

Die Suppe durch ein mit einem Mulltuch ausgelegtes Spitzsieb gießen. Mit Salz und Pfeffer würzen, eventuell noch einmal erhitzen. Die Suppe mit den gut abgetropften Gnocchi in Tellern servieren.

Bohnensuppe mit Rosmarin

1 Zwiebel
2 Gewürznelken
1 Lorbeerblatt
150 g Wachtelbohnen (rotbraun gesprenkelte Bohnen)
250 g durchwachsener Speck
1 Zweig Rosmarin
75 g Fadennudeln
Salz
7 EL Olivenöl
1 Bund Frühlingszwiebeln
Pfeffer
1 Limette

Zwiebel mit Gewürznelken und Lorbeerblatt spicken. 1½ l kaltes Wasser mit Bohnen, Zwiebel, Speck und Rosmarin zum Kochen bringen. Im geschlossenen Topf 2 Stunden bei milder Hitze kochen lassen.

Nudeln in reichlich Salzwasser bißfest garen, abgießen und mit 1 EL Olivenöl mischen. Frühlingszwiebeln putzen, waschen und in Ringe schneiden.

Zwiebel, Speck und Rosmarin aus der Suppe nehmen, Speck anderweitig verwenden. Suppe leicht anpürieren. Frühlingszwiebeln dazugeben und 5 Minuten garen. Kräftig mit Salz und Pfeffer würzen. Mit den Nudeln, dem restlichen Olivenöl mischen. Suppe auf vorgewärmte Teller geben und nach Belieben mit einer Limettenscheibe garniert servieren.

Gemüse-Bouillabaisse

100 g Lauch
1 Zwiebel
5 Knoblauchzehen
2 Fleischtomaten
500 g Kartoffeln
175 ml Olivenöl
1 Bund Thymian
1 unbehandelte Orange
Cayennepfeffer
1 Tütchen Safran
1 TL Fenchelsamen
½ l heiße Gemüsebrühe
Salz
1 Eigelb
1 Baguette
etwas Fenchelgrün

Lauch putzen, waschen, in Ringe schneiden. Zwiebel schälen und würfeln. Knoblauch pellen. Fleischtomaten kreuzweise einritzen, Stielansätze keilförmig herausschneiden, überbrühen, häuten und vierteln. Kartoffeln schälen, waschen und vierteln.

2 EL Olivenöl in einem Topf erhitzen. Zwiebeln, Lauch, Tomaten, Kartoffeln und 2 geviertelte Knoblauchzehen darin andünsten. Thymian von den Stielen zupfen. Etwas von der Orangenschale dünn abschälen. Zusammen mit 1 TL Thymian, etwas Cayennepfeffer, Safran und Fenchelsamen zum Gemüse geben, Brühe dazugießen und alles bei milder Hitze 30 Minuten zugedeckt garen.

Restliche Orangenschale abschälen und in feine Streifen schneiden, Orange auspressen. Nach 30 Minuten die Orangenschale aus der Suppe nehmen. 4 Kartoffelstücke aus der Suppe nehmen und beiseite stellen. Suppe pürieren, mit 2 EL Orangensaft, Salz und Cayennepfeffer abschmecken.

Die 4 beiseite gestellten Kartoffelstükke in einen Mixbecher geben, Eigelb und die restlichen Knoblauchzehen dazugeben und zusammen pürieren. Nach und nach ⅛ l Olivenöl unterschlagen, mit Salz und mit Cayennepfeffer pikant abschmecken.

Baguette in Scheiben schneiden, in dem restlichen Olivenöl knusprig braten. Fenchelgrün hacken. Suppe mit Fenchel, restlichem Thymian und Orangenschale anrichten. Suppe auf vorgewärmte Teller geben, Baguettescheiben und die scharfe Sauce dazu reichen.

Italienische Fischsuppe

(für 8 Personen)
200 g Zwiebeln
6 Knoblauchzehen
3 Möhren
2 rote Peperoni
½ Bund Staudensellerie
500 g geschälte Tomaten a. d. Dose
⅛ l Olivenöl
1½ l heiße Hühnerbrühe
Salz
400 g Kabeljaufilet
400 g Rotbarsch
400 g Seeteufel
1 Makrele
1 Bund glatte Petersilie
500 g Miesmuscheln
8 Riesengarnelen
200 g Tiefseegarnelen

Zwiebeln schälen und in Spalten schneiden, Knoblauch pellen und längs in dünne Scheiben schneiden. Möhren längs halbieren, in dicke Scheiben schneiden. Peperoni längs halbieren, entkernen und in Streifen schneiden. Staudensellerie in Scheiben schneiden. Tomaten halbieren.

Olivenöl in einem großen Topf mittelheiß werden lassen. Alle vorbereiteten Gemüse, bis auf die Tomaten, darin unter Rühren 5 Minuten dünsten. Mit der Hühnerbrühe auffüllen und 10 Minuten garen, salzen. Fische säubern und in Stücke schneiden. Die Petersilienblätter von den Stielen zupfen. Die Muscheln gründlich waschen, putzen und die geöffneten Muscheln wegwerfen.

Tomaten in die Suppe geben, dann nach und nach die Garnelen, den Fisch und zuletzt die Muscheln und die Petersilie hineingeben. Ca. 10 Minuten bei mittlerer Hitze ziehen lassen, aber nicht mehr kochen. Suppe im Topf servieren.

Toskanische Zwiebelsuppe

(für 6 Personen)
1 kg rote Zwiebeln
200 g Möhren
5 Stangen Staudensellerie
150 ml Olivenöl
Salz
1 l heiße Fleischbrühe
Pfeffer
6 Scheiben italienisches Fladenbrot
6 Eier
5 EL Essig
3 Zweige frischer Oregano oder 2 TL getrockneter Oregano
100 g frisch geriebener Parmesan

Zwiebeln schälen, Möhren putzen, beides in dünne Scheiben schneiden. Staudensellerie putzen und in 5 mm dicke Scheiben schneiden.

Olivenöl in einem Topf heiß werden lassen, Zwiebeln hineingeben, salzen und 30 Minuten im geschlossenen Topf bei mittlerer Hitze dünsten. Zwischendurch umrühren. Staudensellerie und Möhren dazugeben und weitere 15 Minuten im geschlossenen Topf dünsten.

Die Fleischbrühe zugießen und weitere 10 Minuten ohne Deckel leise köcheln lassen. Salzen und pfeffern.

Die Brotscheiben goldbraun toasten. Eier in 1 l Essigwasser pochieren. Oregano von den Stielen zupfen. Suppe in vorgewärmte Teller füllen. Jeweils ein pochiertes Ei und eine Scheibe Brot hineingeben. Brot dick mit Parmesan bestreuen. Oregano darüberstreuen und servieren.

Geflügel

Poularde auf portugiesische Art

- *1 Poularde (1,5 kg)*
- *Salz*
- *Pfeffer*
- *2 Zwiebeln*
- *3 Tomaten*
- *1 Knoblauchzehe*
- *4 EL Olivenöl*
- *¼ l Rotwein*
- *1 Bund Petersilie*

Poularde in 6–8 Teile zerlegen, mit Salz und reichlich Pfeffer einreiben. Zwiebeln schälen und grob würfeln. Tomaten überbrühen, abziehen und vierteln. Knoblauch pellen und durch die Presse drücken.

Olivenöl in einem großen Topf erhitzen, Geflügelstücke darin bei mittlerer Hitze rundherum hellbraun anbraten, herausnehmen. Zwiebeln, Tomaten und Knoblauch kurz im Bratfett andünsten. Poulardenstücke darauflegen, Wein angießen und den Topf schließen. Bei mittlerer Hitze eine Stunde schmoren, mit Salz und Pfeffer würzen, mit der gehackten Petersilie bestreuen. Im Topf servieren. Dazu reicht man Weißbrot, das in Portugal auch noch in Olivenöl und Knoblauch geröstet wird.

Gefüllte Poularde

(für 6 Personen)
1 Poularde (1,5 kg)
25 g Butter
150 g Semmelbrösel
3 Tomaten
1 Knoblauchzehe
2 Eier
100 g geriebener Pecorino
7 EL Milch
4 EL Sahne
Salz
Pfeffer
5 EL Olivenöl

Poularde innen und außen waschen und trockentupfen. Innereien säubern und klein schneiden. Tomaten überbrühen, abziehen und würfeln. Butter in einer großen Pfanne erhitzen, Innereien hineingeben, 10 Minuten dünsten. Semmelbrösel dazugeben und bräunen, dann die Tomatenwürfel dazugeben. Knoblauch pellen und durch die Presse dazudrücken. Zusammen 10 Minuten köcheln lassen. Pfanne von der Kochstelle nehmen und die Füllung abkühlen lassen.

Ein Ei hart kochen, abschrecken und pellen. Das andere Ei verquirlen und mit Käse, Milch und Sahne unter die Füllung mischen, mit Salz und Pfeffer würzen und alles gut mischen. Poularde mit der Masse füllen, das hartgekochte Ei in die Mitte geben. Die Öffnung mit festem Garn verschließen.

Backofen auf 200 °C vorheizen. Das Huhn in einen geölten Bräter geben, salzen und pfeffern und mit Olivenöl beträufeln, im Backofen 90 Minuten braten. Huhn tranchieren und auf einer vorgewärmten Platte servieren. Weißbrot dazu reichen.

Hähnchen in Balsamico mit Honig

1 Masthähnchen
50 g Pancetta (luftgetrockneter Speck)
6 Knoblauchzehen
4 EL Olivenöl
2 Lorbeerblätter
1 Zweig Rosmarin
Salz
2 EL Honig
4 EL Balsamico
250 g Champignons
Pfeffer

Hähnchen in 12 Teile zerlegen. Dazu die Keulen abtrennen und am Gelenk durchschneiden. Brust mit den Flügeln von der Rückenkarkasse abschneiden und längs halbieren. Jedes Teil einmal durchschneiden. Karkasse in 4 Stücke hakken.

Speck in Streifen schneiden. Knoblauch pellen und in Scheiben schneiden. Olivenöl in einem Bräter erhitzen, Speck darin glasig braten. Knoblauch, Lorbeer und die Hälfte der Rosmarinnadeln zugeben, anrösten und aus der Pfanne nehmen. Hähnchenteile salzen und im restlichen Olivenöl von beiden Seiten hellbraun anbraten.

Honig leicht erwärmen und mit 3 EL Essig verrühren. Hähnchenteile damit einpinseln. Speckgemisch wieder dazugeben und alles zugedeckt bei mittlerer Hitze eine Stunde schmoren. Gelegentlich die Hähnchenteile wenden und mit dem Bratfond bepinseln. Wenn nötig etwas Wasser dazugeben.

20 Minuten vor Ende der Garzeit die Champignons putzen, vierteln und dazugeben, gut mit Schmorflüssigkeit bedecken. Sauce mit dem restlichen Essig abschmecken. Mit Pfeffer und den restlichen Rosmarinnadeln bestreuen und im Bräter servieren.

Ente mit schwarzen Oliven

(für 6 Personen)
1 Ente (ca. 2,8 kg)
1 Bund Suppengrün
2 Lorbeerblätter
1 Zwiebel
Salz
1 TL schwarze Pfefferkörner
500 g kleine weiße Zwiebeln
5 Knoblauchzehen
Pfeffer
4 EL Olivenöl
200 ml Weißwein
1 Glas schwarze Oliven (85 g)

Entenbrüste, -keulen und -flügel von der Karkasse schneiden und kühl stellen. Karkasse klein hacken. Suppengrün putzen und grob würfeln. Karkasse in 2 l kaltem Wasser aufsetzen, einmal aufkochen lassen und abschäumen. Suppengrün, Lorbeerblätter, Zwiebel, Salz und Pfefferkörner zugeben und bei milder Hitze offen eine Stunde garen. Die Brühe durch ein feines Sieb gießen, ½ l davon abmessen, den Rest anderweitig verwenden.

Weiße Zwiebeln und Knoblauch pellen, eventuell halbieren. Ententeile salzen und pfeffern. Olivenöl in einem flachen großen Bräter erhitzen, Entenfleisch darin von allen Seiten goldbraun anbraten und herausnehmen. Zwiebeln und Knoblauch ins Bratfett geben und ebenfalls anbraten, mit dem Weißwein ablöschen.

Backofen auf 180 °C vorheizen. Ententeile wieder in den Bräter geben, die Oliven zufügen und im Backofen auf der 2. Einschubleiste von unten 2 Stunden zugedeckt garen, dabei nach und nach mit der abgemessenen Brühe begießen.

Nach Ende der Garzeit das Entenfleisch aus dem Bräter nehmen und warmhalten. Sauce entfetten, ⅛ l Wasser zugeben und aufkochen lassen, Entenstücke zurück in den Bräter geben und servieren.

Huhn in Mandelsauce

1 Hähnchen
Salz
Pfeffer
6 EL Olivenöl
300 g kleine Zwiebeln
3 Lorbeerblätter
½ Bund glatte Petersilie
¼ l trockener Weißwein
150 ml heiße Hühnerbrühe
3 Eier
50 g gemahlene Mandeln
½ Tütchen Safran
2 Knoblauchzehen
30 g ganze Mandeln

Hähnchen in 12 Teile zerlegen. Dazu die Keulen abtrennen und am Gelenk durchschneiden. Brust mit den Flügeln von der Rückenkarkasse abschneiden und längs halbieren. Jedes Teil einmal durchschneiden. Karkasse in 4 Stücke hakken. Alle Teile mit Salz und Pfeffer einreiben.

4 EL Olivenöl in einem Bräter mittelheiß werden lassen, Hähnchenteile darin rundherum goldbraun braten. Zwiebeln, Lorbeer und eine Handvoll Petersilienblätter zugeben. Nach und nach ⅛ l Weißwein zugießen und jedesmal wieder verdampfen lassen. ⅛ l Brühe zugießen. Den Deckel fast ganz auflegen. Fleisch 45 Minuten sanft schmoren. Fleischstücke gelegentlich wenden und nach und nach den restlichen Wein zugießen.

Knoblauch pellen und durch die Presse drücken. Eier hart kochen, abschrekken und pellen. Eiweiß hacken und beiseite stellen. Eigelb im Mörser mit dem restlichen Olivenöl, gemahlenen Mandeln, Safran, Knoblauch und der restlichen Brühe zu einer feinen Paste rühren.

Ganze Mandeln ohne Fett in einer Pfanne hellbraun rösten. Restliche Petersilie fein hacken. Fleisch und Zwiebeln aus dem Bräter nehmen, auf einer Platte im Backofen warmhalten. Fett abschöpfen, Fond stark einkochen lassen.

Mandelpaste hineinrühren und erhitzen.

Mandelsauce über Fleisch und Zwiebeln gießen, mit gerösteten Mandeln, gehacktem Eiweiß und Petersilie bestreuen und servieren. Dazu paßt Reis mit jungen Erbsen.

Gebackenes Kräuterhuhn

(für 2 Personen)
1 junges Huhn (ca. 800 g)
½ Bund glatte Petersilie
Grün von 2 Fenchelknollen
2 Zweige frischer Thymian
½ Bund Lauchzwiebeln
etwas abgeriebene Zitronenschale
3 EL griechischer Joghurt
2 EL Zitronensaft
Salz
Pfeffer
2 EL Olivenöl

Huhn innen und außen kalt abspülen und trockentupfen. Entlang dem Rücken halbieren. Kräuter waschen, trockenschütteln, Blättchen fein hacken. Zwiebeln putzen, waschen, weiße und hellgrüne Teile fein hacken. Kräuter, Zwiebeln und Zitronenschale in einem Schüsselchen mit dem Joghurt verrühren, mit Zitronensaft, Salz und Pfeffer würzig abschmecken. Bei den Geflügelhälften mit den Fingern zwischen Fleisch und Haut fahren und diese vorsichtig anheben. Kräuterpaste unter die Haut schieben und durch streichende Bewegungen vorsichtig auf Brust, Schenkel und soweit möglich auf alle Bereiche gleichmäßig verteilen. Die Hälften zugedeckt 2 Stunden im Kühlschrank marinieren.

Backofen auf 220 °C vorheizen. Die Haut des Huhns und ein rundes Blech mit Olivenöl einstreichen. Geflügel mit der Haut nach oben nebeneinander auf das Blech legen, leicht salzen und in der Mitte des Ofens 35 Minuten backen.

Hähnchen im Tontopf

- *8 Knoblauchzehen*
- *200 g Schalotten*
- *2 frische grüne Chilischoten*
- *2 frische rote Chilischoten*
- *1 Poularde*
- *Salz*
- *Pfeffer*
- *5 EL Olivenöl*
- *75 ml Essig*
- *250 ml heiße Hühnerbrühe*
- *3 Stengel Majoran*
- *6 Lorbeerblätter*
- *3 Zweige Thymian*
- *150 g grüne Oliven ohne Kern*
- *30 g Zucker*
- *2 Äpfel*
- *2 EL Zitronensaft*

Einen Tontopf mit Deckel (ca. 3 l Inhalt) über Nacht in Wasser legen. Knoblauch und Schalotten pellen, Schalotten halbieren. Chilischoten halbieren und entkernen. Poularde innen und außen salzen und pfeffern. Keulen mit Küchengarn zusammenbinden.

Olivenöl in einer Pfanne erhitzen, Poularde darin von allen Seiten goldbraun anbraten. Schalotten und Knoblauch dazugeben und 1 Minute mitbraten, mit Essig ablöschen und die Hühnerbrühe aufgießen.

Den Backofen auf 200 °C vorheizen. Alles zusammen in den gewässerten Tontopf geben, so daß die Poularde mit der Brustseite nach oben in der Mitte des Topfes liegt. Majoran, Lorbeer, Thymian und die Oliven dazugeben und mit Zukker bestreuen. Den Deckel auf den Topf setzen und im Backofen auf der untersten Einschubleiste eine Stunde garen.

In der Zwischenzeit Äpfel waschen, achteln, entkernen und in grobe Stücke schneiden und mit dem Zitronensaft beträufeln. Nach einer Stunde die Temperatur des Backofens auf 160 °C zurückschalten und den Deckel abnehmen. Apfelstücke in den Topf geben, ohne Dekkel noch 30 Minuten weitergaren.

Poularde aus dem Topf nehmen und tranchieren. Die Stücke zurück in den Tontopf legen und darin servieren.

Gefüllte Artischocken
Rezept Seite 20

Spaghettisalat mit Kirschtomaten
Rezept Seite 38

Poularde auf portugiesische Art

Rezept Seite 70

Lammrücken im Parmaschinkenmantel
Rezept Seite 86

Rinderragout mit grünen Nudeln
Rezept Seite 87

Gebratene Rotbarben
Rezept Seite 102

Nudeln mit Lammkoteletts und Oliven-Minze-Sauce
Rezept Seite 126

oben: Kalbskotelett mit Tomaten und schwarzen Oliven
Rezept Seite 99
unten: Champignonpizza
Rezept Seite 138

Italienisches Gemüsehühnchen

1 kg Kartoffeln
250 g Schalotten
8 Knoblauchzehen
1 Poularde
Salz
Pfeffer
2 Zweige Rosmarin
4 Zweige Thymian
6 EL Olivenöl
200 ml heiße Hühnerbrühe
150 g schwarze Oliven
600 g Tomaten
4 EL Balsamico
1 EL gehackte glatte Petersilie

Kartoffeln waschen, schälen und in Wasser legen. Schalotten und Knoblauch pellen. Poularde innen und außen salzen, pfeffern und mit je einem Rosmarin- und Thymianzweig füllen. Keulen mit Küchengarn zusammenbinden.

Backofen auf 180 °C vorheizen. 4 EL Olivenöl in einem Bräter erhitzen. Schalotten und Knoblauch darin 2 Minuten anbraten. Poularde mit der Brust nach oben hineinsetzen, mit dem restlichen Olivenöl bestreichen. Hühnerbrühe angießen. Im Backofen auf der 2. Einschubleiste von unten etwa eine Stunde garen.

Nach 15 Minuten die Kartoffeln und die Oliven in den Bräter geben, Poularde mit Bratensaft begießen. Kartoffeln salzen und pfeffern. Tomaten überbrühen, häuten, achteln und entkernen. Die restlichen Thymianblätter von den Stielen zupfen und mit den Rosmarinnadeln fein hacken. Kurz vor Ende der Garzeit Tomaten, Rosmarin und Thymian unter die Kartoffeln mischen. Gemüse mit Balsamico begießen. Alles zusammen noch weitere 15 Minuten garen. Zum Servieren die Poularde tranchieren und auf dem Gemüsebett anrichten. Mit Petersilie bestreuen.

Gebratene Entenbrust mit Currysauce

250 g Salatgurke
Salz
150 g Zwiebeln
5 EL Olivenöl
3 EL rote Currypaste (aus dem Asia-Laden)
2 Knoblauchzehen
400 ml heiße Hühnerbrühe
400 ml ungesüßte Kokosmilch
40 g frische Ingwerwurzel
1 TL Zimt
1 TL Koriander
1 Msp. Kreuzkümmel
4 Entenbrüste à 300 g
1 TL Tabasco
Koriandergrün und Kresse zum Garnieren

Gurke schälen, längs halbieren, Kerne mit einem Löffel herausschaben, Fruchtfleisch würfeln, salzen und 30 Minuten in einem Sieb abtropfen lassen. Knoblauch schälen. Zwiebeln schälen und fein würfeln, in 3 EL Olivenöl andünsten, Currypaste dazugeben und eine Knoblauchzehe hineinpressen, mischen und mit Hühnerbrühe und Kokosmilch auffüllen. Ingwer schälen und fein dazureiben. Mit Zimt, Koriander, Kreuzkümmel und Salz würzen, ca. 15 Minuten leise kochen lassen. Gurkenwürfel untermischen.

Backofen auf 200 °C vorheizen. Sehnen an der Unterseite der Entenbrüste abschneiden, salzen und pfeffern. Haut mit einem scharfen Messer kreuzweise einritzen. Eine Pfanne erhitzen, das Fleisch im austretenden Fett auf der Hautseite bei mittlerer Hitze ca. 7 Minuten goldbraun braten. Wenden und auf dem Backblech im Backofen auf der 1. Einschubleiste von unten 8 Minuten weitergaren. 2 Minuten ruhen lassen. Tabasco und restliches Olivenöl verrühren, die 2. Knoblauchzehe dazupressen und die Entenhaut damit bestreichen. Entenbrüste in dünne Scheiben schneiden und mit der Sauce auf Reis anrichten. Mit Koriandergrün und Kresseblättchen bestreut servieren.

Perlhühner in Barolo

2 Perlhühner
12 Knoblauchzehen
Salz
Pfeffer
9 EL Olivenöl
18 Zweige Rosmarin
400 ml Barolo (ital. Rotwein)

Von den Perlhühnern die Keulen ablösen und im Gelenk zwischen Ober- und Unterschenkel in 2 Teile schneiden. Mit einer Geflügelschere jedes Brustfilet mit dem darunterliegenden Knochen und dem Flügel zusammenhängend aus der Karkasse schneiden. Knoblauch pellen.

Perlhuhnteile salzen, pfeffern und portionsweise auf der Hautseite in 6 EL Olivenöl bei mittlerer Hitze kurz goldbraun anbraten. Einen Bräter mit 6 Rosmarinzweigen auslegen, die Perlhuhnteile mit der Hautseite nach oben darauflegen und mit 6 weiteren Rosmarinzweigen bedecken.

Im restlichen Bratöl die Knoblauchzehen goldbraun anbraten, mit dem Barolo auffüllen. Auf die Hälfte einkochen lassen, mit Salz und Pfeffer würzen. Den eingekochten Barolo über die Perlhuhnteile gießen und alles mit dem restlichen Olivenöl beträufeln.

Backofen auf 220 °C vorheizen. Bräter auf die unterste Einschubleiste setzen und 25 Minuten fertiggaren. Zwischendurch das Fleisch mit dem Fond begießen.

Perlhuhnteile mit dem restlichen frischen Rosmarin auf einer Platte anrichten. Salat dazu reichen.

Hähnchen-Couscous

(für 6 Personen)
1 Poularde
Salz
400 g Möhren
300 g Zucchini
300 g Aubergine
6 EL Olivenöl
150 g Zwiebeln
2 Knoblauchzehen
1 Bund glatte Petersilie
1 Bund Koriandergrün
1 Briefchen Safran
1 TL Ingwerpulver
1 TL Kreuzkümmel
50 g Butter
600 g Couscousgrieß

Huhn kalt abspülen, trockentupfen und mit einer Geflügelschere längs halbieren. Flügelspitzen abschneiden, Schenkel im Gelenk abtrennen. Brusthälften abtrennen, jede Hälfte quer in 3 Stücke teilen, dabei die Flügel abtrennen. Die Schenkel halbieren. Rücken in Stücke schneiden und mit den Flügelspitzen in 1½ l Salzwasser 45 Minuten sanft kochen. Brühe durch ein Sieb gießen.

Möhren schälen und längs vierteln. Das harte Innere entfernen, die Möhrenviertel quer halbieren. Zucchini und Aubergine putzen, ebenfalls längs vierteln und quer halbieren. Zwiebeln schälen und in Ringe schneiden, Knoblauch pellen und durch die Presse drücken. Alles mit einem feuchten Tuch abdekken. Olivenöl in einem flachen Topf erhitzen und die Fleischteile portionsweise kräftig von beiden Seiten darin anbraten. Zwiebeln und Knoblauch in dem Bratöl andünsten. Hühnerteile zurück in den Topf geben. Petersilie und Koriander dazugeben, salzen. Safran, Ingwer und Kreuzkümmel dazugeben. Nach und nach ½ l Wasser zugießen. Zugedeckt 35 Minuten garen.

Inzwischen die Geflügelbrühe erhitzen. Möhrenstücke 15 Minuten, Zucchini- und Auberginenstücke 10 Minuten darin garen. 600 ml Wasser mit Salz und Butter in einem großen Topf erhitzen, Den Couscousgrieß hineinrieseln lassen, unter ständigem Rühren bei mittlerer Hitze 15 Minuten ausquellen lassen, dabei immer wieder auflockern. Das abgetropfte Gemüse mit den Hühnerteilen erhitzen. Couscous auf einer großen Servierplatte aufhäufen.

Gemüse und Hühnerteile dekorativ darauf anrichten und mit einem Viertel der Geflügelbrühe beschöpfen. Sofort servieren. Die restliche Brühe nach Belieben separat dazu reichen.

Huhn mit Paprika und Oliven

1 Brathuhn
600 g rote Paprikaschoten
3 Zwiebeln
2 Knoblauchzehen
1 Dose geschälte Tomaten (240 g)
100 g schwarze Oliven
6 EL Olivenöl
⅛ l Rotwein
3 Zweige frischer Thymian
Salz
Pfeffer

Huhn innen und außen abspülen, trokkentupfen und in Portionsstücke schneiden. Paprikaschoten halbieren, Stielansätze, Kerne und weiße Innenhaut entfernen, waschen und in Würfel schneiden. Zwiebeln und Knoblauch schälen und fein würfeln. Tomaten abgießen, Saft beiseite stellen, Tomaten hacken. Oliven, wenn nötig, abtropfen lassen.

Olivenöl in einem großen Bräter erhitzen und das Fleisch darin bei starker Hitze rundherum braun anbraten, herausnehmen. Paprika, Knoblauch und Zwiebeln bei mittlerer Hitze in dem verbliebenen Öl 2 Minuten anbraten und die Oliven unterrühren. Wein und Tomatensaft angießen. Thymianzweige dazugeben, salzen und pfeffern. Fleisch zwischen Gemüse legen und zugedeckt bei schwacher Hitze 45 Minuten garen. Mit Salz und Pfeffer abschmecken.

Gefüllte Ente

- *250 g Baguette*
- *1 Bund glatte Petersilie*
- *1 Bund Majoran*
- *100 g durchwachsener Speck*
- *250 g Zwiebeln*
- *350 ml Sahne*
- *2 Eier*
- *Salz*
- *Pfeffer*
- *Muskat*
- *200 g Maronen*
- *250 g Schweinemett*
- *1 Ente (2 kg)*
- *500 ml heiße Hühnerbrühe*
- *100 ml Weißwein*
- *250 g Crème double*

Brot in feine Scheiben schneiden. Petersilie und die Hälfte vom Majoran hakken. Zwiebeln schälen und fein würfeln. Speck ebenfalls würfeln, dann in einer Pfanne knusprig auslassen, die Hälfte der Zwiebelwürfel darin andünsten. Petersilie und ½ Bund Majoran untermischen. 200 ml Sahne dazugießen und mit dem Brot mischen. Eier dazugeben, mit Salz, Pfeffer und Muskat würzen, gut durchkneten und 20 Minuten ruhen lassen, dann die Maronen und das zerzupfte Mett untermischen.

Ente innen gut auswaschen und trokkentupfen. Füllung gleichmäßig in die Ente füllen. Öffnung mit Holzspießchen und Küchengarn verschließen. Backofen auf 200 °C vorheizen. Ente in einen Bräter setzen und salzen. Auf der 2. Einschubleiste von unten ca. 90 Minuten goldbraun braten.

Für die Sauce Geflügelbrühe und Wein mit den restlichen Zwiebelwürfeln und 2 Majoranzweigen einkochen, bis fast keine Flüssigkeit mehr vorhanden ist. Crème double und die restliche Sahne dazugeben, 5 Minuten leise kochen lassen. Sauce durch ein feines Sieb passieren, mit Salz und Pfeffer würzen.

Zum Servieren die Entenkeulen und -brüste auslösen, die Brustknochen mit der Geflügelschere abschneiden. Füllung mit einem Löffel aus der Ente nehmen. Sauce aufkochen und mit dem

Schneidestab aufmixen. Die restlichen Majoranblättchen dazugeben.

Auf einer Platte anrichten und servieren.

Knusprige Wildente mit Rosmarin

2 Wildenten
Salz
Pfeffer
8 Zweige Thymian
8 Zweige Salbei
10 Zweige Rosmarin
6 EL Olivenöl
300 g Schalotten
3 Knoblauchzehen
200 ml Weißwein
300 ml Entenfond oder Geflügelbrühe
300 g kleine Tomaten

Enten salzen und pfeffern, mit je 4 Thymian-, Salbei- und Rosmarinzweigen füllen. Keulen zusammenbinden. Enten außen mit je 1 EL Olivenöl einreiben. Im Backofen bei 200 °C auf der 3. Einschubleiste von unten 40 Minuten braten.

Schalotten und Knoblauch pellen. Die Schalotten halbieren, den Knoblauch in Scheiben schneiden. Restliche Rosmarinnadeln fein hacken. Knoblauch in einem Bräter im restlichen Olivenöl hellbraun anbraten. Schalotten und Rosmarin dazugeben. Weißwein und Entenfond dazugießen.

Enten aus dem Backofen nehmen und in den Bräter setzen. 45 Minuten schmoren, ab und an mit dem Fond begießen. Tomaten waschen, halbieren und 10 Minuten vor Ende der Garzeit in den Bräter geben. Pfeffern. Enten längs halbieren und mit dem Schalotten-Rosmarin-Fond anrichten. Ciabatta dazu reichen.

Hähnchenbrust mit Olivenfarce

5 Hähnchenbrustfilets
1 Bund glatte Petersilie
2 EL Madeira
25 g Parmesan
Salz
Cayennepfeffer
2 Knoblauchzehen
1 EL Currypulver
25 g grüne Oliven
25 g schwarze Oliven
50 ml Sahne
8 EL Olivenöl
25 Radicchioblätter
2 Beete Kresse

1 Hähnchenfilet fein würfeln. Petersilie fein hacken. Den Knoblauch pellen und durch die Presse drücken. Alles mit Madeira, Parmesan, Salz, Cayennepfeffer und Curry mischen und 25 Minuten ins Gefrierfach stellen. Die anderen Hähnchenbrustfilets der Länge nach leicht schräg 3 cm tief einschneiden.

Die Oliven vom Stein schneiden und trockentupfen. Die Hähnchenfleischmischung mit 4 EL Olivenöl und der Sahne pürieren und die Olivenstücke untermischen. Einschnitte der Hähnchenbrustfilets damit füllen und wieder zuklappen. Salzen und pfeffern.

Backofen auf 180 °C vorheizen. Im restlichen Olivenöl bei mittlerer Hitze auf jeder Seite etwa 2–3 Minuten goldbraun braten, dabei das Fleisch zuerst auf die Einschnittseite legen. Im Backofen noch ca. 8 Minuten fertiggaren.

Hähnchenbrüste erkalten lassen und mit einem scharfen Messer der Länge nach in hauchdünne Scheiben schneiden. Auf Radicchioblättern anrichten und mit Kresse bestreut servieren.

Fleisch

Lammrücken im Parmaschinkenmantel

Für den Teig:
160 g Mehl
40 g Hartweizengrieß
2 Eier
2 EL Olivenöl
30 g frisch geriebener Ingwer

Außerdem:
12 Basilikumblätter
3 Tamarillos
4 EL Sojasauce
100 ml Lammfond
1 TL Bratensaftpulver
6 EL Olivenöl
500 g Lammrückenfilet
150 g Parmaschinken in Scheiben
3 EL gehackte Kräuter (Petersilie, Rosmarin, Basilikum)
1 Eiweiß
100 g Schweinenetz
1 Stange Lauch
1 Möhre
¼ Knolle Sellerie
1 Zucchini
10 g Ingwer
etwas Brühe · Butter
Salz · Pfeffer
Öl zum Fritieren

Für den Nudelteig alle Zutaten zu einem glatten Teig verarbeiten, etwas ruhen lassen. Möhre, Sellerie und Zucchini putzen und in dünne Streifen schneiden, in einem großen hohen Topf in heißem Öl knusprig fritieren.

Nudelteig sehr dünn ausrollen, Basilikumblätter auf die Hälfte des ausgerollten Nudelteigs legen, die andere Hälfte darüberklappen. Noch einmal leicht anrollen und mit einem Teigrad 12 Ravioli ausschneiden.

Für die Sauce Tamarillos schälen, eine Hälfte würfeln, die andere in 2 EL Olivenöl weich dünsten und durch ein Sieb streichen. Püree mit 2 EL Sojasauce und dem Lammfond aufkochen, leicht einkochen lassen, mit dem Bratensaftpulver abbinden und das restliche gewürfelte Tamarillofleisch dazugeben.

Das Schweinenetz wässern, abtrocknen und ausbreiten, den Parmaschinken darauf auslegen, mit Eiweiß bestreichen und die Kräuter darauf verteilen. Lammrücken mit 2 EL Sojasauce bestreichen und pfeffern, dann auf die Kräuter legen und das Netz fest einschlagen. Backofen auf 180 °C vorheizen. Restliches Olivenöl in einer Pfanne erhitzen und den Lammrücken darin von allen Seiten kräftig anbraten, anschließend in knapp 10 Minuten im Backofen weitergaren. Vorbereitete Ravioli in kochendem Salzwasser bißfest garen. Lauch putzen, in Rauten schneiden und in etwas Brühe mit der Butter und dem Ingwer kurz dünsten. Ravioli dazugeben.

Zum Servieren zuerst Ravioli und Lauchrauten auf den vorgewärmten Tellern kreisförmig anrichten. Lammrükken aufschneiden und in die Mitte geben, nach Belieben Sauce darübergeben und die Gemüsestreifen dekorativ darauf verteilen.

Rinderragout mit grünen Nudeln

500 g zartes Rindfleisch
6 EL Olivenöl
Salz
Pfeffer
1/8 l Weißwein
500 g Möhren
1 Stange Staudensellerie
1 Zwiebel
1 Knoblauchzehe
1 EL Butter
1 TL Thymian
1 TL Basilikum
1 Fleischtomate
1/8 l heiße Gemüsebrühe
500 g grüne Nudeln

Rindfleisch in Würfel schneiden. 4 EL Olivenöl in einem schweren Topf erhitzen, Fleischwürfel darin anbraten, salzen und pfeffern, mit Weißwein ablöschen. Gemüse putzen und waschen. Möhren in Scheiben, Sellerie in Stücke schneiden. Zwiebel und Knoblauch pellen und fein würfeln. Restliches Olivenöl mit der Butter in einer Kasserolle erhitzen, Gemüse, Zwiebel und Knoblauch darin 15 Minuten schmoren, mit Thymian und Basilikum würzen. Tomate grob hacken und zufügen. Das Fleisch mit dem Bratensaft dazugeben und die Bouillon angießen. Im Backofen bei 180 °C ca. eine Stunde schmoren.

Die Nudeln in reichlich kochendem Salzwasser bißfest garen, abschütten und mit dem Rinderragout auf vorgewärmten Tellern anrichten.

Schweinefleisch mit Sellerie

2 Zwiebeln
5 EL Olivenöl
700 g Schweinegulasch
1 Bund glatte Petersilie
1 EL Mehl
¼ l Weißwein
Salz
Pfeffer
700 g Staudensellerie
2 Eier
4 EL Zitronensaft

Zwiebeln schälen und klein würfeln. Olivenöl in einem großen Schmortopf erhitzen, Fleisch darin portionsweise anbraten. Zwiebeln dazugeben und kurz mitbraten. Petersilie abbrausen, trokkenschütteln und fein hacken.

Mehl über das Fleisch stäuben und unterrühren. Die Hälfte der gehackten Petersilie, den Weißwein und ⅜ l Wasser dazugeben und unter ständigem Rühren aufkochen. Mit Salz und Pfeffer würzen und zugedeckt bei schwacher Hitze 50 Minuten garen.

Staudensellerie waschen, putzen und in 1 ½ cm breite Stücke schneiden, nach ca. 50 Minuten Garzeit zum Fleisch geben, bei Bedarf noch etwas Wasser angießen. Weitere 30 Minuten garen.

Topf vom Herd nehmen, leicht abkühlen lassen. Eier mit dem Zitronensaft verquirlen und unter die Fleisch-Gemüse-Mischung rühren. Erneut leicht erhitzen, aber nicht mehr aufkochen lassen. Zum Schluß mit Salz und Pfeffer abschmecken, mit der restlichen Petersilie bestreut servieren.

Kalbsragout mit Zucchini

800 g Kalbfleisch aus der Schulter oder Kalbsgulasch
6 EL Olivenöl
2 Zwiebeln
2 Knoblauchzehen
2 Stangen Staudensellerie
3 EL Ketchup
Salz
Pfeffer
½ TL gemahlener Kreuzkümmel
400 g kleine Zucchini
150 g griechischer oder Bulgara-Joghurt

Das Fleisch abspülen, mit Küchenkrepp trockentupfen und in große Würfel schneiden. Olivenöl in einem schweren Topf erhitzen und das Fleisch portionsweise darin anbraten. Fleisch aus dem Topf nehmen und beiseite stellen.

Zwiebeln und Knoblauch schälen. Die Zwiebeln klein würfeln, den Knoblauch in Scheiben schneiden. Sellerie putzen, waschen und in kleine Stücke schneiden, das Grün hacken. Zwiebeln, Knoblauch und Sellerie im verbliebenen Öl 2 Minuten braten.

Ketchup unterrühren und das Fleisch mit dem ausgetretenen Saft wieder in den Topf geben. ⅜ l heißes Wasser angießen, aufkochen lassen. Alles mit Salz, Pfeffer und Kreuzkümmel würzen. Ragout bei schwacher Hitze zugedeckt 45 Minuten kochen.

Zucchini waschen, Stiele und Blütenansätze abschneiden, in dicke Scheiben schneiden und unter das Fleisch heben. Weitere 15 Minuten ohne Deckel kochen, gelegentlich umrühren. Topf vom Herd nehmen.

Joghurt kurz durchrühren und unter das Ragout ziehen, nicht mehr aufkochen und rasch servieren.

Orientalische Lammröllchen-Spieße

400 g Salatgurke
Salz
75 g frische Datteln
150 g Lammhack
1 Ei
20 g Semmelbrösel
1 TL Curry
Cayennepfeffer
1 Stengel Minze
350 g Lammrückenfilet
8 Zitronenblätter (aus dem Asia-Laden)
15 g Ingwerwurzel
4 EL Zitronensaft
1 TL Zucker
8 EL Olivenöl
1 TL Schwarzkümmel
40 g Butter
½ TL Senfkörner
½ TL Kreuzkümmel (ganz)
½ TL Korianderkörner (zerstoßen)
½ TL Chiliflocken (getrocknet)
1 unbehandelte Zitrone

Gurke schälen, in dünne Scheiben hobeln, leicht salzen und auf einem Sieb abtropfen lassen. Datteln schälen, entsteinen und fein würfeln. Lammhack mit Ei, Semmelbröseln, ½ TL Curry, Salz, Cayennepfeffer, 2 fein geschnittenen Minzeblättern und den Datteln gleichmäßig verkneten.

Lammrückenfilet vollständig von den Sehnen befreien und in 12 gleichgroße Scheiben schneiden. Mit einem Gefrierbeutel belegen und flachklopfen. Die Füllung jeweils auf die Fleischmitte verteilen, glattstreichen, einen Rand freilassen. Zuerst die Seiten über der Füllung zusammenklappen, anschließend zu festen Rouladen aufrollen. Jeweils 3 Rouladen mit 2 Zitronenblättern dazwischen auf einen Spieß stecken.

Ingwer schälen und sehr fein würfeln. Mit dem restlichen Curry, Zitronensaft, Salz, Cayennepfeffer, Zucker, 4 EL Olivenöl, Schwarzkümmel und 6 fein geschnittenen Minzeblättchen zu einer Sauce verrühren. Gurken leicht ausdrükken und unter die Sauce mischen.

Backofen auf 200 °C vorheizen. Spieße in einer großen Pfanne im restlichen Olivenöl bei starker Hitze auf jeder Seite goldbraun anbraten. Im Backofen auf der 2. Einschubleiste von unten 8 Minuten fertiggaren. Anschließend Butter, Senfkörner, Kreuzkümmel, Koriander und Chili dazugeben.

Den Gurkensalat mit Minzeblättchen und Lammspießen auf Tellern anrichten. Die Spieße mit der Gewürzbutter beträufeln. Die Zitrone waschen und in hauchdünne Spalten schneiden. Spieße damit dekorieren.

Lammkoteletts mit Sauerampferquark

1 Bund glatte Petersilie
½ Bund Sauerampfer
1 unbehandelte Zitrone
500 g Magerquark
200 ml Milch
Salz
Pfeffer
8 doppelte Lammkoteletts
4 Knoblauchzehen
5 EL Olivenöl
2 kleine Zweige Rosmarin

Petersilie und Sauerampfer waschen, trockentupfen und die Blätter von den Stielen zupfen. Petersilie fein hacken, Sauerampfer in grobe Streifen schneiden. Zitrone waschen, Schale fein abreiben, dann die Zitrone auspressen.

Quark und Milch verrühren, mit Salz, Pfeffer, Zitronenschale und 3 EL Zitronensaft würzen. Petersilie und Sauerampfer unterziehen, abgedeckt kalt stellen.

Fettrand an den Lammkoteletts mehrfach einschneiden, damit sich der Rand beim Braten nicht biegt. Koteletts von beiden Seiten salzen und pfeffern. Knoblauchzehen mit der Schale halbieren. Olivenöl in 2 Pfannen erhitzen. Knoblauch und Rosmarin hineingeben und die Koteletts von jeder Seite ca. 5 Minuten braten. Mit dem Quark auf Tellern anrichten. Nach Belieben mit Brat- oder Folienkartoffeln servieren.

Rinderrouladen-Curry

(für 6 Personen)
100 g Möhren
125 g Frühlingszwiebeln
50 g Cashewkerne
8 EL Olivenöl
40 g Kokosraspel
60 g frische Ingwerwurzel
5 EL grüne Currypaste (aus dem Asia-Laden)
4 Knoblauchzehen
6 Rinderrouladenscheiben
Salz
Pfeffer
150 g Zwiebeln
1 EL Kreuzkümmel
2 Zimtstangen
8 Korianderkapseln
350 g Pizza-Tomaten
300 g Kirschtomaten
1 Dose Kichererbsen
3 EL Speisestärke
50 g Rosinen
12 Zitronenblätter (aus dem Asia-Laden)

Möhren schälen und sehr fein würfeln. Frühlingszwiebeln putzen und in dünne Ringe schneiden. Knoblauch pellen. Cashewkerne grob hacken und in 3 EL Olivenöl goldbraun rösten. Möhren, Frühlingszwiebeln und Kokosraspel dazugeben und kurz mitrösten. Ingwer schälen und fein reiben. Die Hälfte zum Kokosgemisch geben. 2 EL Currypaste unterrühren und 2 Knoblauchzehen dazupressen. Rouladenscheiben mit einem Gefrierbeutel bedecken und flachklopfen. Salzen, pfeffern und die Kokosfüllung glatt daraufstreichen, dabei einen Rand frei lassen. Zuerst die Seiten über die Füllung klappen, dann die Scheiben zu festen Rouladen aufrollen, mit Küchengarn zusammenbinden.

Zwiebeln pellen und grob würfeln. Rouladen rundum salzen, pfeffern und im restlichen Olivenöl gleichmäßig anbraten. Aus dem Topf nehmen, die Zwiebeln darin leicht anbräunen. Restliche Currypaste, Kreuzkümmel, Zimt und Korianderkapseln schnell unterrühren. Mit den Pizza-Tomaten und 750 ml Wasser auffüllen. Rouladen hineinlegen und zugedeckt bei milder Hitze 2½ Stunden schmoren.

Kirschtomaten waschen und halbieren. Kichererbsen in ein Sieb geben, kalt abbrausen und abtropfen lassen. Rouladen nach Ende der Garzeit aus der Sauce nehmen und die Sauce durch ein feines Sieb in einen zweiten Topf gießen. Stärke mit 3 EL Wasser verrühren und mit dem restlichen Ingwer in die kochende Sauce rühren. Rouladen wieder in die Sauce geben. Kichererbsen, Rosinen und 4 Zitronenblätter dazugeben und noch 10 Minuten leise kochen. Tomaten nach 7 Minuten dazugeben. Rouladensauce eventuell nachwürzen und Rouladen mit den restlichen Zitronenblättern garniert servieren.

Schweinefleisch mit weißen Bohnen

200 g dicke weiße Bohnen
800 g Schweinefleisch aus der Schulter oder Keule
1 Zwiebel
6 EL Olivenöl
1 kleine Dose geschälte Tomaten (240 g)
1 EL Ketchup
Salz
Pfeffer
½ Bund glatte Petersilie

Bohnen mit reichlich kaltem Wasser bedeckt über Nacht einweichen. Am nächsten Morgen abgießen und in einem Topf wieder mit kaltem Wasser aufgießen, so daß die Bohnen gut bedeckt sind. Offen aufkochen und abschäumen. Bei milder Hitze zugedeckt 45 Minuten garen. In der Zwischenzeit das Fleisch abspülen, mit Küchenkrepp abtupfen und in große Würfel schneiden. Zwiebel schälen und klein würfeln. Olivenöl erhitzen, Fleisch und Zwiebel darin anbraten. Tomaten mit dem Saft dazugeben und etwas zerdrücken. Ketchup in ¼ l heißem Wasser glattrühren und angießen. Salzen und pfeffern. Zugedeckt bei schwacher Hitze ca. 30 Minuten garen, abschmecken.

Vor dem Servieren Petersilie waschen, trockenschütteln, Blättchen hacken und darüberstreuen.

Lammkeule aus dem Ofen mit Kartoffeln

1 Lammkeule (ca. 2 kg)
Salz
Pfeffer
2 Knoblauchzehen
1 TL Majoran
4 EL Zitronensaft
8 EL Olivenöl
1 TL Rosmarin
800 g kleine festkochende Kartoffeln
3 kleine Möhren
3 Lauchzwiebeln
⅛ l Weißwein

Den Backofen auf 180 °C vorheizen. Die Lammkeule kalt abspülen und mit Küchenkrepp trockentupfen. Das äußere Fett bis auf eine dünne Schicht abschneiden, Keule salzen und pfeffern. Knoblauch schälen und in Stifte schneiden, die Keule damit spicken.

Majoran mit Zitronensaft und 5 EL Olivenöl verrühren. Die Keule mit der Fettseite nach oben in einen großen Bräter legen, mit dem gewürzten Olivenöl einreiben, Rosmarin darüberstreuen und alles 20 Minuten marinieren.

Kartoffeln waschen, schälen und vierteln. Möhren schälen, waschen und in Stücke schneiden. Zwiebeln putzen und in Stücke schneiden. Restliches Olivenöl in einer Pfanne mittelstark erhitzen, das Gemüse darin unter Wenden 3 Minuten anbraten, mit Salz und Pfeffer würzen und beiseite stellen.

Zur Lammkeule ⅛ l heißes Wasser und den Wein gießen, in der Ofenmitte 45 Minuten garen, dabei gelegentlich mit dem Bratfond begießen. Dann das Gemüse um die Keule anrichten und weitere 45 Minuten garen. Bei Bedarf noch etwas heißes Wasser angießen. Mit Bauernsalat und Brot servieren.

Rindersteaks im Parmesanmantel

4 dünn geschnittene
Rindersteaks à 180 g
2 Eier
Salz
Pfeffer
4 EL Semmelbrösel
1 Beutel Parmesan
2 TL Mehl
1 kg Tomaten
2 Zwiebeln
2 Knoblauchzehen
½ Bund Basilikum
8 EL Olivenöl
2 TL Essig

Die Steaks kalt abbrausen, trockentupfen. Eier mit Salz und Pfeffer verquirlen. Semmelbrösel mit Parmesan mischen. Steaks mit Mehl bestäuben, in Ei wälzen und mit der Semmelbröselmischung panieren.

Die Tomaten kurz überbrühen, häuten, halbieren, Stielansätze und Kerne entfernen, fein würfeln. Zwiebeln und Knoblauch schälen und beides fein würfeln. Basilikum waschen, 8 Blättchen zum Dekorieren beiseitelegen, die übrigen in Streifen schneiden.

4 EL Olivenöl in einer Pfanne erhitzen, Steaks darin von jeder Seite 4 Minuten braten.

Essig mit etwas Salz und Pfeffer verrühren, restliches Olivenöl unterschlagen, bis die Marinade cremig ist. Zwiebel-, Knoblauch- und Tomatenwürfel untermischen, Basilikumstreifen darüberstreuen.

Steaks mit den Tomaten auf Tellern anrichten, je 2 Basilikumblättchen dazulegen und mit Stangenweißbrot servieren.

Geschmortes Wildschwein mit Steinpilzen

(für 6 Personen)
1 Wildschweinrollbraten (ca. 1,2 kg)
200 g Möhren
250 g Sellerie
10 Pfefferkörner
10 Wacholderbeeren
½ TL Zimt
4 EL frische Thymianblättchen
2 Lorbeerblätter
Salz
Pfeffer
10 EL Olivenöl
500 ml Wildfond
1,5 l Barolo (ital. Rotwein)
12 Steinpilze mit möglichst kurzem Stiel (à 50 g)
2 Knoblauchzehen
24 Weinblätter

Wildschweinrollbraten aus dem Garn wickeln und in 200 g schwere Stücke schneiden. Möhren und Sellerie putzen und ca. 2 cm groß würfeln. Pfefferkörner, Wacholderbeeren, Zimt, 3 EL Thymian und Lorbeer im Mixer fein zerkleinern.

Fleischstücke salzen, pfeffern. 1 EL Olivenöl in einer Pfanne erhitzen und das Fleisch portionsweise darin von beiden Seiten anbraten. Fleischstücke nebeneinander in einen Bräter legen. Sellerie und Möhren kurz im Bratöl in der Pfanne anbraten. Gewürzmischung dazugeben und alles zum Wildschwein geben.

Backofen auf 180 °C vorheizen. Bräter mit 400 ml Wildfond und 400 ml Rotwein auffüllen und dann im Backofen auf der 2. Einschubleiste von unten 3 ½ Stunden schmoren. Dabei nach und nach den restlichen Rotwein dazugeben und das Fleisch des öfteren mit der Schmorflüssigkeit begießen.

Steinpilze putzen und portionsweise in 5 EL heißem Olivenöl kurz goldbraun braten, dann aus der Pfanne nehmen, salzen und pfeffern.

Das restliche Olivenöl mit Knoblauch und restlichem Thymian mischen. Weinblätter waschen und abtropfen lassen. Jeweils einen Steinpilz in 2 mit dem Thymianöl bepinselte Weinblätter wickeln. Pilzpäckchen eng nebeneinander in einen Topf setzen. Mit dem restlichen Wildfond begießen und den Topf mit einem Deckel verschließen.

Kurz vor Ende der Garzeit des Wildschweins die Steinpilze 15 Minuten im geschlossenen Topf bei milder Hitze auf dem Herd fertigdünsten.

Zum Wildschwein servieren.

Mariniertes Rindfleisch mit grüner Sauce

1 Bund Basilikum
1 Bund glatte Petersilie
1 Knoblauchzehe
2 EL Pinienkerne
200 ml Olivenöl
½ TL feine Kapern
2 TL Balsamico
Salz
400 g Rindfleisch-Tatar
1 Msp. Zitronenpfeffer
3 kleine Tomaten
1 Salatgurke
Pfeffer
Basilikum zum Garnieren

Alle Kräuter waschen, trockentupfen, Blättchen von den Stielen zupfen. Knoblauch pellen. Kräuter, Knoblauch, Pinienkerne, 150 ml Olivenöl, abgetropfte Kapern, 1 TL Balsamico und 1 Prise Salz fein pürieren.

Tatar in eine ovale Form mit flachem Boden geben. Mit restlichem Essig und Olivenöl, Zitronenpfeffer und Salz würzen, mit einer Gabel von außen nach innen spiralförmig mischen, glattstreichen und kaltstellen.

Tomaten und Gurke waschen, in sehr feine Scheiben schneiden und auf 6 Tellern anrichten, salzen und pfeffern. Aus dem Tatar mit einem runden Ausstecher mit 6 cm Durchmesser 4 Scheiben ausstechen, in die Mitte der Tomaten-Gurken-Scheiben legen. Grüne Sauce dünn daraufstreichen. Mit Basilikumblättern garniert mit Baguette servieren. Restliche Sauce separat dazu reichen.

Lammtopf mit Bohnen

(für 6 Personen)
1,5 kg Lammschulter mit Knochen
3 Knoblauchzehen
5 Thymianzweige
1 EL Rosmarin
125 ml Olivenöl
500 g Rinderknochen
200 g grobe Möhrenwürfel
100 g grobe Porreeringe
200 g grobe Selleriestücke
2 große Zwiebeln
2 Tomaten
10 Pfefferkörner
5 Lorbeerblätter
½ Bund glatte Petersilie
Salz
200 g Kartoffeln
350 g junge Möhren
200 g Stangenbohnen
200 g Prinzeßbohnen
Pfeffer
2 EL frisches Bohnenkraut
100 g Crème fraîche

Am Vortag die Lammschulter auslösen, grobes Fett abschneiden. Häute und Sehnen entfernen. Lammfleisch würfeln. Knoblauch pellen und längs halbieren. 2 Zweige Thymian abzupfen. Die Lammfleischwürfel in eine Schüssel geben, Thymian, Knoblauch und Rosmarin dazugeben, Olivenöl darübergießen. Alles gut miteinander vermischen. Schüssel mit Klarsichtfolie abdecken, das Fleisch über Nacht marinieren.

Ebenfalls am Vortag Lamm- und Rinderknochen und die Abschnitte in einen großen Topf geben. Zwiebeln pellen und halbieren, Tomaten waschen und vierteln. Möhrenwürfel, Porree, Sellerie, Tomaten, Zwiebeln, 3 Lorbeerblätter, Pfefferkörner und 1 TL Salz dazugeben, mit 3 l Wasser knapp begießen, bei milder Hitze 2 Stunden kochen lassen, zwischendurch abschäumen. Fond durch ein Sieb gießen, mit einer Schöpfkelle entfetten, kalt werden lassen und in den Kühlschrank stellen, damit sich das restliche Fett absetzen kann.

Die Kartoffeln schälen, fein würfeln, in Wasser legen und beiseitestellen. Möhren putzen und schräg in Scheiben schneiden. Stangenbohnen putzen und schräg in Rauten schneiden. Prinzeßbohnen putzen und halbieren.

Von dem Lammfond das erstarrte Fett abnehmen und den Fond in einem Topf erhitzen, aufkochen lassen, Hitze reduzieren. Das marinierte Lammfleisch mit den Kräutern und einem Teil des Olivenöls in einer heißen Pfanne kurz anbraten, etwas salzen, dann in den leise kochenden Lammfond geben. Die restlichen Thymianzweige und Lorbeerblätter dazugeben, salzen und pfeffern. Das Fleisch zugedeckt bei milder Hitze 30 Minuten garen.

Kartoffeln abgießen und abtropfen lassen, mit den Möhren und den Stangenbohnen zum Fleisch geben, 15 Minuten weitergaren. Dann die Prinzeßbohnen dazugeben und noch einmal 10 Minuten garen. Zum Schluß das Bohnenkraut unterrühren. Zum Servieren den Lammtopf auf die Teller geben und mit 1 EL Crème fraîche dekorieren.

Kalbskotelett mit Tomaten und schwarzen Oliven

6 EL Olivenöl
4 Kalbskoteletts
Salz
Pfeffer
1 Knoblauchzehe
4 Tomaten
1 Glas schwarze Oliven
¼ l Weißwein
Chilipfeffer

Olivenöl in einer großen Pfanne erhitzen und die Koteletts darin von beiden Seiten kräftig anbraten, salzen und pfeffern, aus der Pfanne nehmen und warm stellen. Knoblauch pellen, durch die Presse ins verbliebene Olivenöl drükken, Tomate kleinschneiden, Oliven abgießen, in die Pfanne geben. Einige Minuten schmoren lassen, dann den Wein angießen. Mit Salz und Chilipfeffer abschmecken. Koteletts wieder in die Pfanne geben, noch 10 Minuten mitschmoren. Dazu schmeckt körniger Reis.

Schaschlik mit Minzedip

Für die Marinade:
4 Zweige Thymian
4 Zweige Oregano
1 TL schwarze Pfefferkörner
Saft einer Zitrone
100 ml Olivenöl

Für die Spieße:
600 g Rinderfilet
200 g weiße Zwiebeln
1 rote Paprikaschote
1 gelbe Paprikaschote
Salz
4 EL Olivenöl
Pfeffer

Für den Dip:
2 Stengel frische Minze
1 Knoblauchzehe
150 g Joghurt
150 g saure Sahne
1 TL Zitronensaft
Salz
Pfeffer

Für die Marinade die Kräuter waschen, trockenschütteln, fein hacken. Pfefferkörner grob zerdrücken, alles mit den übrigen Zutaten gut vermischen.

Für die Spieße das Rinderfilet abwaschen, trockentupfen, häuten, entsehnen. Filet längs halbieren. In etwa ½ cm dicke Scheiben schneiden. Das Fleisch in der Marinade mindestens 2 Stunden im Kühlschrank marinieren.

Zwiebeln abziehen und achteln. Paprikaschoten putzen, vierteln, waschen und trockentupfen, in 3 x 3 cm große Stücke schneiden, dann in kochendem Salzwasser 2 Minuten blanchieren.

Fleischscheiben leicht abtupfen, zusammenklappen und abwechselnd mit Paprika und Zwiebeln auf eingeölte Spieße stecken. Spieße mit Olivenöl bepinseln und in einer beschichteten heißen Pfanne in etwa 10 Minuten rundherum knusprig ausbraten.

Für den Dip die Minze waschen, trockenschütteln und fein hacken. Knoblauch abziehen, durchpressen und mit Joghurt, saurer Sahne, Zitronensaft, Salz und Pfeffer glattrühren. Spieße salzen und pfeffern und mit dem Dip servieren. Fladenbrot dazu reichen.

Fisch

Gebratene Rotbarben

(für 2 Personen)
6 küchenfertige Rotbarben
Salz
Pfeffer
etwas Mehl
¼ l Olivenöl
2 Zitronen

Fische waschen und mit Küchenkrepp sorgfältig trockentupfen. Salzen und pfeffern. Olivenöl in einer großen hochwandigen Pfanne erhitzen. Rotbarben in Mehl wenden, leicht abklopfen und den Fisch in das erhitzte Olivenöl geben. Von jeder Seite 2 Minuten goldbraun braten.

Rotbarben sofort mit Zitronenspalten garniert auf vorgewärmten Tellern anrichten und servieren. Dazu paßt ein kräftiger Bauernsalat (z.B. S. 45)

Kabeljau und Tomaten aus dem Ofen

(für 6 Personen)
1 Kabeljau (ausgenommen, ohne Kopf, ca. 1,4 kg)
4 Rosmarinzweige
Salz
Pfeffer
8 EL Olivenöl
4 Knoblauchzehen
5 Fleischtomaten
2 EL Fenchelsamen
50 g schwarze Oliven
50 g grüne Oliven
8 EL Balsamico

Kabeljau kurz unter kaltem Wasser abbrausen, mit Küchenkrepp trockentupfen. 2 Rosmarinzweige in die Bauchhöhle stecken, innen und außen mit Salz und Pfeffer würzen. Saftpfanne mit 4 EL Olivenöl einstreichen, Kabeljau darauflegen. Knoblauch pellen und in hauchdünne Scheibchen schneiden. Restlichen Rosmarin zerzupfen.

Backofen auf 220 °C vorheizen. Tomaten kreuzweise einschneiden, überbrühen, häuten, 4 Tomaten waagerecht halbieren und um den Fisch herumlegen. Die restlichen Tomaten grob würfeln und dazwischenstreuen. Tomaten salzen und pfeffern. Fisch und Tomaten mit Fenchelsamen, Rosmarin, Oliven und

Knoblauch bestreuen. Mit dem restlichen Olivenöl beträufeln.

Im Backofen auf der 2. Einschubleiste von unten 25 Minuten garen. Balsamico in einer kleinen Kasserolle sirupartig einkochen und vor dem Servieren über die Tomaten geben. Dazu paßt Reis.

Aal in Tomatensauce

(für 6 Personen)
5 EL Olivenöl
1 Zwiebel
1 EL gehackte Petersilie
3 EL Tomatenmark
1/8 l warmes Wasser
Salz
Pfeffer
2 Aale à 750 g
4 EL Essig
7 EL Fischsud

Olivenöl in einer schweren Pfanne erhitzen. Zwiebel schälen und würfeln. Petersilie und Zwiebel 5 Minuten im Olivenöl dünsten. Tomatenmark mit dem Wasser verrühren und in die Pfanne geben, mit Salz und Pfeffer kräftig abschmecken und weitere 10 Minuten köcheln.

In der Zwischenzeit die Aale häuten, säubern, in 5 cm große Stücke schneiden.

Die Hälfte der Sauce in einen Topf füllen, die Aalstücke darauf verteilen, restliche Sauce und den Essig darübergießen. 5 Minuten leise köcheln lassen. Fischsud darübergießen und zugedeckt weitere 20 Minuten köcheln, bis der Fisch gar ist. Mit Reis oder Polenta servieren.

Seeteufel im Zucchinifächer

4 Zucchini
Salz
1 unbehandelte Saftorange
1 unbehandelte Zitrone
1 Knoblauchzehe
1 Bund Basilikum
6 EL Olivenöl
650 ml heiße Gemüsebrühe
etwas Safran
1 EL Speisestärke
Cayennepfeffer
350 g Seeteufelfilet
25 g getrocknete Tomaten in Öl
1 Bund glatte Petersilie

Zucchini jeweils viermal der Länge nach so durchschneiden, daß sie am Stielansatz noch zusammenbleiben, in reichlich kochendem Salzwasser 3 Minuten blanchieren. Die Zucchini vorsichtig herausheben und abschrecken. Auf Küchenkrepp abtropfen lassen.

Von je einer halben Orange und Zitrone die Schale dünn abreiben. Knoblauch pellen und durch die Presse drücken. Basilikumblätter fein hacken, alles mit 3 EL Olivenöl vermengen.

Orangen- und Zitronensaft auspressen und mit der Gemüsebrühe und dem Safran auf etwa 300 ml einkochen lassen. Stärke mit etwas kaltem Wasser glattrühren, in den Fond einrühren und 5 Minuten bei schwacher Hitze kochen lassen. Mit Salz und Cayennepfeffer würzen.

Backofen auf 200 °C vorheizen. Seeteufelfilet in ca. ½ cm dünne Scheiben schneiden, salzen und mit der Basilikummischung bepinseln. Eine feuerfeste Form mit dem restlichen Olivenöl einpinseln, eine Zucchini hineinlegen und etwas auseinanderziehen, jeweils zwei Fischscheiben nebeneinander in einen Einschnitt geben und locker zusammenschieben. Die restlichen Zucchini nacheinander in die Form legen und ebenso füllen.

Die gefüllten Zucchinifächer im Backofen circa. 10 Minuten garen. In der Zwischenzeit die getrockneten Tomaten hacken. Petersilie abzupfen und ebenfalls hacken. Zum Servieren die Sauce erhitzen, Tomaten und Petersilie untermischen und über die Zucchini geben.

Kabeljau mit Fenchelkartoffeln

500 g Kartoffeln
6 EL Olivenöl
Salz
250 g Tomaten
50 g Pancetta (ital. Speck)
1 TL Fenchelsamen
4 Kabeljaukoteletts
1 EL Orangensaft
1 EL abgeriebene Orangenschale
½ Bund Thymian
Pfeffer

Kartoffeln waschen, schälen, längs vierteln und in 4 EL Olivenöl bei milder Hitze in einer großen Pfanne anbraten, salzen und nach und nach 125 ml Wasser zugießen. Zugedeckt 20 Minuten schmoren, die letzten 5 Minuten offen, so daß die Flüssigkeit vollständig verdampfen kann.

In der Zwischenzeit Tomaten kreuzweise einschneiden, überbrühen, abschrecken, häuten und grob zerkleinern, Stielansätze entfernen. Speck in feine Streifen schneiden.

Kartoffeln an den Pfannenrand schieben, das restliche Olivenöl in die Pfanne geben und den Speck mit Fenchelsamen darin glasig braten, Tomaten unter die Kartoffeln mischen.

Fisch salzen und in der Pfannenmitte von jeder Seite 3 Minuten sanft braten. Kurz nach dem Wenden Orangensaft und -schale und die abgezupften Thymianblätter zugeben, aber nicht unterrühren. Herzhaft mit Pfeffer würzen. Fisch auf vorgewärmten Tellern anrichten. Gemüse mit Salz abschmecken und um den Fisch geben, sofort servieren.

Seezunge in Zitronenbutter

- *2 unbehandelte Zitronen*
- *100 g weiche Butter*
- *etwas Mehl*
- *Saft einer halben Zitrone*
- *2 große Seezungen à 700 g (küchenfertig)*
- *Salz*
- *Pfeffer*
- *6 EL Olivenöl*
- *1 Bund Petersilie*

Eine Zitrone waschen und die Schale fein abreiben, Saft auspressen. Schale und Saft mit der Hälfte der Butter, einer Prise Salz und ½ TL Mehl gut vermischen, Saft einer weiteren halben Zitrone unterrühren.

Die Seezungen waschen und gründlich trockentupfen, von beiden Seiten salzen und pfeffern, in Mehl wenden und das überschüssige Mehl abklopfen. Olivenöl und restliche Butter in einer großen Pfanne erhitzen, Seezungen von jeder Seite 6 Minuten braten, dann die Pfanne vom Herd ziehen. Zitronenbutter in Flocken über den Fisch verteilen, zugedeckt noch 3 Minuten ziehen lassen, bis die Butter geschmolzen ist.

Zum Servieren die Seezungen auf eine vorgewärmte Platte legen. Petersilie waschen, trockenschütteln und fein hakken, unter die Zitronenbutter in der Pfanne rühren, etwas davon über die Fische träufeln, den Rest separat dazu reichen. Nach Belieben mit Zitronenscheiben garniert servieren. Dazu passen neue Kartoffeln.

Gefüllte Tintenfische

8 kleine Tintenfische
(ca. 1 kg küchenfertig), mit
Fangarmen
2 Zwiebeln
2 Knoblauchzehen
2 Scheiben Parmaschinken
150 g Toastbrot
150 ml Weißwein
1 Bund Petersilie
4 Tomaten
6 EL Olivenöl
Salz
Pfeffer
Cayennepfeffer
1 Zweig Thymian
1 unbehandelte Zitrone

Tintenfische waschen, innen und außen trockentupfen, Fangarme in kleine Würfel schneiden. Zwiebeln und Knoblauch schälen, mit dem Schinken fein würfeln. Toastbrot im Wein einweichen. Petersilie waschen, trockenschütteln, Blättchen abzupfen und fein hacken. Tomaten kreuzweise einschneiden, überbrühen, häuten, entkernen und das Fruchtfleisch kleinschneiden.

3 EL Olivenöl in einer Pfanne erhitzen, Zwiebeln, Knoblauch und Schinken darin andünsten, Tintenfischwürfel hinzufügen. Alles kräftig salzen, pfeffern und 5 Minuten unter Rühren garen.

Weißbrot ausdrücken, Wein dabei auffangen. Brot etwas auseinanderzupfen und zur Fischmasse in der Pfanne geben. Die Hälfte der Petersilie hinzufügen und alles gut vermischen. Pfanne vom Herd nehmen, Füllung etwas abkühlen lassen, dann in die Tintenfische füllen. Die Öffnungen mit Holzspießchen verschließen. Das restliche Olivenöl in einer Pfanne erhitzen, die gefüllten Fische darin anbraten. Tomatenstücke, eine Prise Cayennepfeffer, Thymian, Weißwein dazugeben. Zugedeckt bei geringer Hitze 30 Minuten garen. Fische mehrmals wenden, die Sauce dabei umrühren. Tintenfische mit der Sauce auf einer vorgewärmten Platte anrichten, mit Zitronenscheiben garnieren und Baguette dazu reichen.

Steinbuttfilet mit Artischocken und Pfifferlingen

400 ml Kalbsfond
8 EL Balsamico
600 g Kartoffeln
Salz
250 g Pfifferlinge
75 g Schalotten
8 Kirschtomaten
6 Artischocken
2 unbehandelte Zitronen
8 EL Olivenöl
1 TL Rosmarin
Pfeffer
1 TL Basilikum
700 g Steinbuttfilets ohne Haut

Kalbsfond und Balsamico in einem Stieltopf erhitzen und einkochen lassen, bis die Flüssigkeit sirupartig wird.

Kartoffeln waschen, schälen, in ½ cm große Würfel schneiden, in kochendem Salzwasser 9 Minuten garen, abgießen und abkühlen lassen.

Pfifferlinge putzen, waschen, abtropfen lassen und auf ein Geschirrtuch legen. Schalotten pellen, sehr fein würfeln. Die Tomaten waschen, Stielansätze entfernen.

Artischockenstiele auf etwa 5 cm kürzen, von den Blattspitzen die Hälfte abschneiden. Alle harten Außenblätter entfernen und von den Stielen das Grün großzügig abschneiden. Artischocken sechsteln, das Heu herausschneiden. Artischocken sofort mit den halbierten Zitronen einreiben.

3 EL Olivenöl in einer großen Pfanne mäßig heiß werden lassen, die Artischocken darin in 8 Minuten von allen Seiten hellbraun anbraten. Hitze hochschalten, Pfifferlinge dazugeben und 1 Minute braten, Schalottenwürfel und Kirschtomaten dazugeben und weitere 20 Sekunden braten. Mit gehacktem Rosmarin bestreuen, mit Salz und Pfeffer würzen. Warm halten.

Kartoffelwürfel in 3 EL Olivenöl knusprig braten, salzen und pfeffern, Basilikum dazugeben.

Fischfilets trockentupfen und salzen, im restlichen erhitzten Olivenöl von beiden Seiten kräftig anbraten.

Artischockengemüse auf vorgewärmte Teller verteilen, Steinbuttfilets darauflegen. Mit den Kartoffeln bestreuen und Balsamicofond dazugießen, nach Belieben noch mit etwas Rosmarin und Basilikum bestreuen.

Makrelen mit Gemüse

4 Makrelen (küchenfertig)
1 Zitrone
Salz
Pfeffer
200 g kleine rote Zwiebeln
2 Knoblauchzehen
400 g Tomaten
2 Stangen Staudensellerie
½ Bund glatte Petersilie
6 EL Olivenöl
¼ l Weißwein
½ TL Zucker

Makrelen kalt abspülen, trockentupfen, innen und außen mit Zitronensaft beträufeln, in eine ofenfeste Form legen, leicht salzen und pfeffern. Backofen auf 180 °C vorheizen.

Zwiebeln und Knoblauch schälen. Die Zwiebeln vierteln, Knoblauch in Scheiben schneiden. Die Tomaten kreuzweise einschneiden, kurz überbrühen, häuten, Fruchtfleisch würfeln. Sellerie putzen, waschen, in Stücke schneiden.

Gemüse über die Fische verteilen. Die Petersilie waschen, trockenschütteln, Blättchen abzupfen und fein hacken. Die Hälfte davon über das Gemüse verteilen. Olivenöl und Wein mit je ½ TL Salz, Zucker und Pfeffer verrühren und über Gemüse und Fisch verteilen. Die Form mit Alufolie verschließen. Im Backofen 40 Minuten garen. Zum Servieren die restliche Petersilie darüberstreuen.

Dorade in der Salzkruste

2 frische Doraden à ca. 600 g
3 kg grobes Meersalz (ungebleicht)
2 Zitronen
125 ml Olivenöl

Doraden abspülen und trockentupfen. Backofen auf 250 °C vorheizen. Eine Schicht Salz von 1 cm Dicke auf das Backblech streuen, Doraden darauflegen und mit Salz bedecken. Die Oberfläche leicht mit Wasser besprenkeln und andrücken.

Doraden in der Ofenmitte 25 Minuten garen, dann 5 Minuten ruhen lassen, danach die Kruste mit einem schweren Messer aufklopfen und die Fische filetieren. Olivenöl über die Filets träufeln. Zitronen in Scheiben schneiden und zum Servieren dekorativ auf die Filets legen. Mit Salat und Weißbrot servieren.

Seehecht mit Rosmarin und Anchovis

1 Seehecht (küchenfertig) von ca. 1 kg
Salz
Pfeffer
12 Rosmarinzweige
5 EL Olivenöl
6 Anchovifilets
etwas Milch
50 g Semmelbrösel
1 Zitronenscheibe

Fisch waschen und innen und außen abtrocknen, dann mit Salz und Pfeffer bestreuen. Die Hälfte der Rosmarinzweige in Olivenöl tauchen und in einer feuerfesten Kasserolle verteilen. Fisch darauflegen.

Backofen auf 180 °C vorheizen. Anchovis in Milch einweichen, abtropfen lassen und in Würfel schneiden. Das restliche Olivenöl in einer Pfanne erhitzen, die Anchoviwürfel hineingeben und so lange köcheln lassen, bis sie sich aufgelöst haben, zuletzt mit einer Gabel etwas zerdrücken. Diese Mischung über den Fisch geben und mit Semmelbröseln bestreuen, im Backofen ca. 30 Minuten backen, bis der Fisch weich ist. Zum Servieren den Fisch mit den restlichen Rosmarinzweigen garnieren, Zitronenscheibe darauflegen und Fladenbrot dazu reichen.

Marinierte Makrelen mit Kräutern

4 Makrelen à 250 g
¼ l Essig
Salz
Pfeffer
125 ml Olivenöl
3 Knoblauchzehen
1 EL gehackte Petersilie
6 Minzeblätter

Fische säubern, in eine große Kasserolle legen und so viel Wasser hinzufügen, daß die Fische knapp bedeckt sind. Dann langsam zum Kochen bringen und bei geschlossenem Deckel 10 Minuten leise köcheln lassen. Makrelen aus dem Sud nehmen, abtropfen und kalt stellen.

Makrelen enthäuten, jeden Fisch in vier Filets teilen und diese in einer flachen Schüssel mit Essig übergießen, mit wenig Salz und Pfeffer bestreuen und 30 Minuten ziehen lassen.

Knoblauchzehen pellen und fein hakken. Minzeblätter ebenfalls hacken und mit Olivenöl, Petersilie und einer Prise Salz gut vermischen. Makrelen aus dem Essig nehmen, abtropfen lassen, wieder in die Schüssel geben und mit der Olivenöl-Marinade begießen. Nach Belieben mit Minze garniert kalt servieren.

Zander mit Thunfisch-Kapern-Sauce

2 Strauchtomaten
½ Knoblauchzehe
1 TL Thymian
1 TL Rosmarin
1 Prise Zucker
Salz
Pfeffer
6 EL Olivenöl
80 ml trockener Wermut
80 ml Weißwein
250 ml Fischfond
250 ml Sahne
100 g Thunfischfilet in Lake
1 Sardellenfilet
2 Basilikumblättchen
50 g kalte Butter
Saft einer halben Limette
4 Zanderfilets mit Haut
200 g Blattspinat
1 EL Kapern

Am Vortag die Tomaten achteln und entkernen. Ein Backblech mit Backpapier auslegen und das Papier mit der halben Knoblauchzehe einreiben. Knoblauch aufbewahren. Tomatenachtel auf das Backpapier legen, mit Thymian, Rosmarin, Zucker, Salz und Pfeffer würzen. Mit 1 EL Olivenöl beträufeln. Tomaten im Backofen bei 60 °C ca. 12 Stunden trocknen.

Wermut und Weißwein in einem Topf auf die Hälfte einkochen. Mit Fischfond auffüllen und um ein Drittel einkochen lassen, Sahne zugeben und 10 Minuten kochen lassen. Sauce mit dem Thunfisch, Sardellenfilet, Basilikum und 30 g Butter gut mischen, pürieren und durch ein feines Sieb geben, Mit Pfeffer, Limettensaft und eventuell etwas Salz abschmecken. Beiseite stellen.

Zanderfilets auf der Hautseite kreuzweise einritzen, mit Salz und Pfeffer würzen. In einer Pfanne in 2 EL Olivenöl bei starker Hitze anbraten, Hitze zurückschalten, Filets auf der Hautseite 10 Minuten fertiggaren.

Inzwischen Spinat verlesen, abbrausen und trockenschütteln. Eine Pfanne mit der halben Knoblauchzehe ausreiben, restliche Butter und restliches Olivenöl darin zerlassen, Spinat zugeben und bei milder Hitze zusammenfallen lassen. Mit Salz und Pfeffer würzen. Zum Anrichten die Sauce kurz erwärmen und mit dem Schneidestab aufschäumen. Kapern darin erwärmen, nicht kochen. Sauce mit dem Spinat und den Tomaten auf Tellern anrichten. Zanderfilets dazulegen. Mit Kartoffelbällchen servieren.

Lachs auf Fenchelgemüse

40 g frische Ingwerwurzel
75 g Schalotten
5 EL Olivenöl
800 g Fenchel
500 ml Weißwein
2 Orangen
4 Lachsfilets à 175 g
Pfeffer
Salz
2 EL gehacktes Basilikum
1 Prise Zucker

Ingwer und Schalotten schälen, würfeln und in einer Pfanne mit dem heißen Olivenöl andünsten. Etwas von dem Fenchelgrün aufheben. Fenchel putzen und in Streifen schneiden, und in die Pfanne geben. Wein zugießen und zugedeckt 20 Minuten dünsten. Orangen schälen, filetieren.

Lachs salzen und pfeffern, und in die Pfanne geben, weitere 10 Minuten garen. Orangenfilets und Basilikum dazugeben, mit Salz, Pfeffer und Zucker würzen. Fisch auf dem Fenchelgemüse mit Fenchelgrün garniert anrichten.

Meerbrasse aus dem Ofen

2 Meerbrassen (küchenfertig) à 600 g
Salz
Pfeffer
Saft einer Zitrone
2 Zweige Rosmarin
1 Bund Lauchzwiebeln
1 Dose geschälte Tomaten (240 g)
1 Bund glatte Petersilie
6 EL Olivenöl
2 Knoblauchzehen
100 g schwarze Oliven
⅛ l Weißwein
2 EL Semmelbrösel
50 g Feta-Käse

Backofen auf 200 °C vorheizen. Fische innen und außen gut abspülen und trokkentupfen. Auf jeder Seite die Haut an der dicksten Stelle zweimal schräg einschneiden. Innen und außen mit Salz und Pfeffer würzen und mit Zitronensaft beträufeln. Rosmarin in die Öffnungen stecken. Fische in die Fettpfanne des Backofens legen.

Lauchzwiebeln waschen, Wurzeln und harte Röhren entfernen und die Zwiebeln in 5 cm lange Stücke schneiden. Tomaten in einem Sieb abtropfen lassen, dann würfeln. Petersilie waschen, trockenschütteln, Blättchen fein hakken.

4 EL Olivenöl in einer großen Pfanne erhitzen, Zwiebeln darin glasig dünsten. Knoblauch pellen und durch die Presse dazudrücken. Tomaten, Petersilie und Oliven hinzufügen und unter Rühren 2 Minuten andünsten.

Wein angießen und die Sauce kurz aufkochen, mit Salz und Pfeffer würzen. Gemüse über die Fische verteilen, Sauce dazugießen. Semmelbrösel darüberstreuen und alles mit dem restlichen Olivenöl beträufeln. Fische in der Mitte des Ofens 15 Minuten backen. Feta mit einer Gabel zerdrücken, über die Fische streuen, noch einmal 10 Minuten bakken. Mit frischem Fladenbrot servieren.

Reis

Risotto mit Bohnen und Parmesan

200 g Borlotti-Bohnen
10 EL Olivenöl
1 Lorbeerblatt
2 Stengel Salbei
Salz
150 g Zwiebeln
2 Knoblauchzehen
250 g luftgetrocknete Salami
400 g Rundkornreis
200 ml Weißwein
1,2 l heiße Fleischbrühe
Pfeffer
175 g Parmesan

Bohnen mit ca. 1 l kaltem Wasser bedekken. 5 EL Olivenöl, Lorbeer, 1 Salbeistengel und Salz dazugeben und im geschlossenen Topf bei milder Hitze fast 2 Stunden leise kochen lassen. Anschließend auf einem Sieb abtropfen lassen und die Kräuter herausnehmen.

Zwiebeln und Knoblauch pellen. Zwiebeln fein würfeln. Knoblauch durch die Presse drücken. Salami pellen und in 1 cm große Würfel schneiden.

Zwiebeln, Knoblauch, Salami und Reis im restlichen Olivenöl andünsten, mit Weißwein ablöschen und einkochen lassen. Mit Fleischbrühe auffüllen, salzen und pfeffern. Im geschlossenen Topf bei milder Hitze in ca. 20 Minuten bißfest garen, dabei ab und zu umrühren. Kurz vor Ende der Garzeit die Bohnen und die Hälfte des Parmesan untermischen. In einer vorgewärmten Schüssel anrichten. Mit dem restlichen Salbei dekorieren, den restlichen Parmesan dazu reichen.

Paella mit Scampi

(für 10–12 Personen)
1 kg Scampi
100 g Zwiebeln
2 Knoblauchzehen
7 EL Olivenöl
1 EL Tomatenmark
200 ml Weißwein
2 Lorbeerblätter
2 Tütchen Safran
800 ml heiße Gemüsebrühe
Salz
Pfeffer
100 g Schalotten
120 g grüne Bohnen
1 Tomate
2 Chorizo-Würste
40 g Rosinen
300 g Paella-Reis
3 Stiele Bohnenkraut
2 EL Zitronensaft

Scampiköpfe mit Scheren ausbrechen, grob zerkleinern. Schwänze mit Schale längs halbieren, entdarmen, zugedeckt kühl stellen. Zwiebeln und Knoblauch pellen, grob würfeln. Scampiköpfe in 3 EL Olivenöl anbraten, Zwiebeln und Knoblauch dazugeben, kurz mitbraten. Tomatenmark hinzufügen, mit Weißwein ablöschen. Lorbeerblätter und Safran dazugeben, mit Gemüsebrühe und 600 ml Wasser auffüllen, salzen und pfeffern. Aufkochen, dann 45 Minuten bei schwacher Hitze kochen lassen. Durch ein Sieb geben und den Fond auffangen.

Schalotten pellen, fein würfeln. Bohnen putzen, in kochendem Salzwasser bißfest garen, abschrecken, halbieren, beiseite stellen. Die Tomate überbrühen, häuten und fein würfeln. Chorizo-Würste in Scheiben schneiden, mit Schalotten und Rosinen in 1 EL Olivenöl anschwitzen. Reis dazugeben, mit 300 ml Scampi-Fond auffüllen und ca. 30 Minuten garen. Nach und nach den restlichen Fond unter Rühren dazugießen. Bohnen und Tomatenwürfel nach 20 Minuten hinzufügen.

Die Scampischwänze im restlichen Olivenöl anbraten, salzen, pfeffern, herausnehmen. Bohnenkraut von den Stielen zupfen und hacken. Scampi unter den Reis heben, mit Zitronensaft, Salz und Pfeffer würzen. Paella mit Bohnenkraut bestreut in der Pfanne servieren.

Risotto mit Meeresfrüchten

(für 6 Personen)
300 g Calamari (geputzt)
1 rote Chilischote
1 Bouquet garni aus Thymian, Salbei und Rosmarin
1 Lorbeerblatt
1 Knoblauchzehe
7 EL Olivenöl
250 g kleine Garnelen mit Kopf
75 g Staudensellerie
50 g weiße Zwiebel
250 g Rundkornreis
1/8 l Weißwein
1/2 l heiße Gemüsebrühe
Parmesan nach Belieben

Calamari waschen und, falls noch vorhanden, Chininteile und harte Mundwerkzeuge entfernen. Fangarme abtrennen. Alles in eine ofenfeste Form geben. Chilischote putzen, mit dem Bouquet garni, dem Lorbeer und der ungepellten Knoblauchzehe zu den Calamari geben. 4 EL Olivenöl darüberträufeln. Die Form fest mit Alufolie verschließen und im Backofen bei 200 °C 45 Minuten garen.

Garnelen unter kaltem Wasser abspülen, dann abtropfen lassen und beiseite legen. Sellerie putzen, Zwiebel pellen, beides fein würfeln.

In einem Topf das restliche Olivenöl erhitzen, die Garnelen so lange darin garen, bis sie intensiv rosa sind, dann mit einer Schaumkelle herausnehmen und beiseite legen. In demselben Öl Sellerie und Zwiebel glasig dünsten, dann den Reis zugeben und ebenfalls glasig dünsten. Weißwein zugießen und vollständig einkochen. Nach und nach die heiße Brühe zugießen, dabei immer wieder umrühren. Ca. 30 Minuten garen, der Reis muß noch etwas Biß haben.

Tuben der Calamari in Ringe schneiden. Ringe und Fangarme mit den Garnelen zum Reis geben, den Kochsud durch ein Sieb zum Reis gießen, alles gut mischen und nach Belieben mit frisch geriebenem Parmesan bestreut servieren.

Spanische Reispfanne

250 g Langkornreis
400 g Fischfilet
etwas Zitronensaft
Salz
Pfeffer
1 große Fenchelknolle
1 Bund Lauchzwiebeln
1 EL Pinienkerne
5 EL Olivenöl
150 ml heiße Gemüsebrühe
3 unbehandelte Orangen
1 EL Zucker
150 g Sahne
1 EL kalte Butter
2 EL Anisschnaps

Reis in kochendem Salzwasser garen. Fisch in Stücke schneiden, mit Zitronensaft, Salz und Pfeffer würzen.

Fenchel putzen und in dünne Scheiben schneiden, Grün beiseitelegen. Die Lauchzwiebeln putzen und schräg in ca. 1 cm lange Stücke schneiden.

Pinienkerne in einer Pfanne ohne Fett rösten, herausnehmen. 2 EL Olivenöl in der Pfanne erhitzen und die Fischstücke von beiden Seiten darin anbraten, herausnehmen, warmstellen.

Im restlichen Olivenöl Fenchel und Zwiebeln anbraten, mit der Brühe ablöschen und in 5 Minuten garen. Salzen und pfeffern. 1 Orange schälen, filetieren.

Zucker in einem Pfännchen schmelzen lassen, Saft von 2 Orangen, 2 TL abgeriebene Orangenschale und die Sahne dazugeben. Sauce etwa 2 Minuten kräftig kochen lassen. Butter in kleinen Stücken dazugeben und unterschlagen. Sauce mit Anisschnaps, Salz und Pfeffer würzen, zum Fenchel geben.

Fisch und Orangenfilets in der Sauce warm werden lassen, Reis unterheben, mit Pinienkernen und Fenchelgrün bestreuen.

Curryreis mit Ente

400 g Entenbrustfilet
1 EL Currypulver
4 EL Fischfond
1 kleine Ananas
3 Schalotten
1 St. frischer Ingwer (2 cm)
einige Blätter Eissalat
½ Salatgurke
6 EL Olivenöl
750 g Duftreis
Salz
Pfeffer

Reis nach Packungsanweisung garen.

Entenbrust waschen, trockentupfen und in ½ cm dicke Scheiben schneiden. Currypulver mit 1 EL Fischfond verrühren und auf die Fleischscheiben streichen. 20 Minuten kalt stellen.

Ananas schälen, der Länge nach achteln, die harten Strunkteile entfernen. Ananasachtel in mundgerechte Stücke schneiden.

Schalotten und Ingwer schälen und fein würfeln. Salatblätter waschen und abtropfen lassen. Gurke waschen und in dünne Scheiben schneiden.

Das Olivenöl in einem Wok oder einer großen Pfanne erhitzen, Schalotten und Ingwer darin anbraten. Entenscheiben hinzufügen und bei starker Hitze unter ständigem Rühren etwa 2 Minuten garen. Ananas, Reis und restlichen Fischfond dazugeben, bei mittlerer Hitze heiß werden lassen, mit Salz und Pfeffer abschmecken.

Den Rand einer großen Platte mit Salatblättern und Gurkenscheiben auslegen. Curryreis in der Mitte aufhäufen und sofort servieren. Nach Belieben mit frischen Kräutern bestreuen.

Korianderreis mit Kürbis und Lammbällchen

400 g Lammhack
4 Scheiben Toastbrot
2 Eier
Salz
1 EL Paprikapulver (edelsüß)
3 Knoblauchzehen
200 g Basmatireis
1 Briefchen Safran
750 g Kürbis
250 g hellgrüne Paprikaschoten
1 walnußgroßes Stück Ingwer
8 EL Olivenöl
1 TL Zucker
½ TL Sambal oelek
2 EL Koriandergrün

Brot in Wasser einweichen. Hackfleisch mit dem etwas ausgedrückten Brot, den Eiern, Salz, Paprikapulver und einer gepellten und durch die Presse gedrückten Knoblauchzehe gründlich verkneten. Mit nassen Händen 12 ovale Bällchen formen und ca. 25 Minuten kalt stellen.

In der Zwischenzeit den Reis in ½ l Wasser mit Salz und Safran aufkochen und zugedeckt ausquellen lassen. Kürbis schälen, Kerne und die wattige Innenschicht entfernen. Das Kürbisfleisch würfeln. Paprikaschoten in Ringen vom Stiel schneiden und entkernen. Restlichen Knoblauch pellen, Ingwer schälen und beides zusammen fein hacken.

3 EL Olivenöl erhitzen, Knoblauch und Ingwer darin bei milder Hitze glasig dünsten. Kürbis dazugeben, andünsten, mit Salz, Zucker und Sambal oelek würzen, 6 EL Wasser zugeben. Kürbis zugedeckt 10 Minuten vorgaren, Paprika zugeben und weitere 5 Minuten garen.

Restliches Olivenöl in einer Pfanne erhitzen, Lammbällchen darin in ca. 10 Minuten rundherum braten. Reis und Koriandergrün unter das fertige Gemüse mischen, noch 3 Minuten durchziehen lassen und dann zu den Lammbällchen servieren.

Vegetarisches Reisgericht

250 g Rundkornreis
2 Zwiebeln
200 g Möhren
1 Stange Lauch
200 g Zucchini
6 EL Olivenöl
½ TL Thymian
½ TL Kräuter der Provence
Salz · Pfeffer
¼ l heiße Gemüsebrühe
⅛ l Sahne
1 EL gehackte Petersilie

Reis nach Packungsanleitung garen und warm stellen. Das Gemüse waschen, schälen, in feine streichholzdicke Streifen schneiden. Olivenöl erhitzen, Gemüse darin unter Wenden anbraten. Mit Thymian, Kräutern der Provence, Salz und Pfeffer würzen. Gemüsebrühe und Sahne zugießen. Alles etwa 8 Minuten garen, so daß das Gemüse noch Biß hat. Reis unter das Gemüse mischen und zusammen noch einmal erwärmen. Mit Petersilie bestreut servieren.

Provenzalisches Reisgericht mit Lamm

(für 6 Personen)
250 g Langkornreis
750 g Lammnacken
250 g Zucchini
250 g Auberginen
1 rote Paprikaschote
1 grüne Paprikaschote
250 g Zwiebeln
2 Knoblauchzehen
250 g Fleischtomaten
5 EL Olivenöl
Salz · Pfeffer
1 TL frischer Rosmarin
⅛ l Weißwein
1 Becher Crème fraîche
1 EL Tomatenketchup

Den Reis in kochendem Salzwasser garen und warm stellen. Lammfleisch vom Knochen lösen und das Fleisch grob würfeln. Zucchini, Auberginen und Paprikaschoten putzen und waschen. Zucchini in Scheiben, Auberginen und Paprika in Stücke schneiden. Zwiebeln und Knoblauchzehen abziehen und fein hacken.

Tomaten überbrühen, häuten, vierteln, Stielansätze und Kerne entfernen und noch einmal halbieren. Das Olivenöl in einem Bräter heiß werden lassen, Fleisch darin kräftig anbraten. Zwiebeln und Knoblauch dazugeben und mit Salz, Pfeffer und zerriebenem Rosmarin würzen.

Gemüse bis auf die Tomaten dazugeben. Wein, Crème fraîche und Ketchup verrühren und unter das Fleisch und das Gemüse ziehen. Bräter in den Backofen stellen und bei 200 °C eine Stunde garen. Fleisch und Gemüse zwischendurch umrühren. Dann die Tomaten dazugeben und weitere 30 Minuten garen. Zum Schluß den Reis unterheben und servieren.

Kräuterreis mit Ratatouille

250 g Reis
1 Aubergine
2 Zucchini
1 rote Paprikaschote
1 gelbe Paprikaschote
8 EL Olivenöl
2 Zwiebeln
2 Knoblauchzehen
1 kleine Dose geschälte Tomaten
Salz
Pfeffer
1 Prise Zucker
1 Bund frischer Majoran
1 Bund frischer Thymian

Reis nach Packungsanweisung garen, warmstellen.

Gemüse putzen. Aubergine und Zucchini in halbe Scheiben, Paprika in Würfel schneiden. Zwiebeln schälen und grob würfeln. Knoblauch pellen und durch die Presse drücken. Olivenöl in einer Pfanne erhitzen, die Zwiebelwürfel darin anbraten. Knoblauch und Gemüse dazugeben, kurz anbraten, dann bei mittlerer Hitze 20 Minuten schmoren. Mit Salz, Pfeffer und Zucker und einem Teil der gehackten Kräuter abschmecken. Die restlichen Kräuter unter den Reis heben und zur Ratatouille servieren.

Risotto mit Scampi und Fenchel

(für 6 Personen)
1 Zwiebel
1 Fenchelknolle
8 EL Olivenöl
250 g Rundkornreis
2 Tütchen Safran
700 ml heiße Gemüsebrühe
1/8 l Weißwein
12 Scampi (küchenfertig)
2 EL weißer Martini
Salz
1 Prise Cayennepfeffer

Zwiebel schälen, klein würfeln. Vom Fenchel das Grün abschneiden, beiseite legen. Harte Stengel, Wurzelansatz und das Außenblatt entfernen. Waschen, vierteln und in dünne Streifen schneiden. 4 EL Olivenöl in einer Pfanne erhitzen, Zwiebel und Fenchel darin anbraten, Reis hinzufügen und unter Rühren kurz mitbraten. Hitze reduzieren. Safran in etwas Brühe auflösen, unterrühren. Nach und nach den Wein und die übrige Brühe dazugießen, immer wieder umrühren. In ca. 25 Minuten fertiggaren.

Scampi abspülen, abtrocknen, aus den Schalen brechen, längs halbieren, Därme entfernen. In 2 EL Olivenöl von allen Seiten kurz anbraten, bis das Fleisch weiß ist, mit Martini beträufeln und beiseite stellen.

Risotto mit Salz und Cayennepfeffer abschmecken, restliches Olivenöl unterziehen, nochmal erhitzen. Scampi mit dem Bratfond unter den Risotto heben, mit Fenchelgrün bestreut servieren.

Nudeln

Nudeln mit Lammkoteletts und Oliven-Minze-Sauce

12 Lammkoteletts
2 Knoblauchzehen
einige Blättchen frische Minze
6 EL Olivenöl
2 EL Butter
Salz
Pfeffer
etwas trockener Rotwein
1 Becher Crème fraîche
50 g grüne Oliven
50 g schwarze Oliven
400 g Penne (ital. Nudeln)

Lammkoteletts mit Küchenkrepp abtupfen und in eine flache Form legen. Knoblauch schälen und in Scheiben schneiden. Knoblauch und Minzeblättchen auf den Lammkoteletts verteilen, gleichmäßig mit Olivenöl beträufeln. Mit Klarsichtfolie abdecken und ca. 2 Stunden im Kühlschrank marinieren.

Butter in einer Pfanne erhitzen und die leicht abgetropften Koteletts darin von jeder Seite eine Minute anbraten, anschließend von jeder Seite weitere 2 Minuten braten. Herausnehmen, mit Salz und Pfeffer würzen und warm stellen.

Bratfond mit dem Rotwein ablöschen, Crème fraîche unterrühren. Oliven in Scheiben schneiden und dazugeben. Kurz miterhitzen. Sauce mit gehackter Minze, Salz und Pfeffer würzen.

Die Nudeln in reichlich kochendem Salzwasser bißfest garen, mit je 3 Lammkoteletts und der Sauce servieren.

Selbstgemachte Bandnudeln mit Geflügellebersauce

500 g Mehl
4 Eier
3 Eigelb
Salz
10 EL Olivenöl
150 g Zwiebeln
3 Knoblauchzehen
125 g Staudensellerie
600 g Pizza-Tomaten aus der Dose
2 Zweige Rosmarin
Pfeffer
1 TL Zucker
450 g Geflügelleber
100 g frisch geriebener Parmesan

Für den Nudelteig Mehl mit Eiern, Eigelb, etwas Salz und 2 EL Olivenöl zu einem glatten, geschmeidigen Teig verkneten. Teig zu einer Kugel formen, in Klarsichtfolie wickeln und eine Stunde im Kühlschrank ruhen lassen.

Zwiebeln und Knoblauch pellen. Zwiebeln fein würfeln, Knoblauch durch die Presse drücken. Staudensellerie putzen und sehr fein würfeln. Alles in 5 EL Olivenöl andünsten. Tomaten und 1 Rosmarinzweig dazugeben. Bei milder Hitze etwa 45 Minuten einkochen lassen. Mit Salz, Pfeffer und Zucker würzen.

Die Geflügelleber putzen und in etwa 1½ cm große Stücke schneiden. Restlichen Rosmarin fein hacken.

Nudelteig vierteln, jeweils von Hand zu rechteckigen Stücken formen und etappenweise von Stufe 1–6 durch die glatte Walze der Nudelmaschine drehen. Anschließend in etwa 20 cm lange Stücke schneiden und durch die Walze für feine Bandnudeln drehen.

Tomatensauce erhitzen, Leber und den gehackten Rosmarin untermischen und 4 Minuten leise kochen. Inzwischen die Nudeln in reichlich kochendes Salzwasser geben und 3 Minuten garen. In einem Sieb gut abtropfen lassen, in eine Schüssel geben und das restliche Olivenöl unterziehen. Mit der Sauce und dem Parmesan servieren.

Muschelnudeln mit Lammsugo

600 g Lammkeulenfleisch ohne Knochen
150 g Schalotten
2 Knoblauchzehen
100 g Fenchel
75 g Staudensellerie
100 g Möhren
1 Dose geschälte Tomaten (400 g)
1 rote Chilischote
Salz
10 EL Olivenöl
75 g Madeira
150 ml Lammfond
1 EL Currypulver
2 Lorbeerblätter
4 Zweige frischer Thymian
40 g Rosinen
½ Bund glatte Petersilie
400 g Orecchiette (italienische Muschelnudeln)
100 g Parmesan

Vom Fleisch die dicken Sehnen und Fett entfernen, dann fein würfeln. Schalotten pellen und fein würfeln. Knoblauch pellen und durch die Presse drücken. Fenchel, Staudensellerie und Möhren putzen und fein würfeln.

Tomaten in einem Sieb abtropfen lassen, dabei den Saft auffangen, Tomaten grob zerschneiden. Chilischote entkernen und fein würfeln. Lammfleisch salzen. In einem breiten Topf 6 EL Olivenöl erhitzen und das Fleisch darin rundum kräftig anbraten. Fenchel, Schalotten, Knoblauch, Staudensellerie, Möhren, Chilischote dazugeben und mitgaren, bis sie leicht braun sind.

Tomatenwürfel unterrühren, mit Madeira ablöschen, Madeira einkochen lassen, dann mit Lammfond und Tomatensaft auffüllen. Mit Salz und Curry würzen, Lorbeer, Thymian und Rosinen dazugeben.

Im geschlossenen Topf bei milder Hitze eine Stunde schmoren lassen und noch weitere 20 Minuten im offenen Topf. Petersilie fein hacken und dazugeben.

Muschelnudeln in reichlich kochendem Salzwasser bißfest garen, in ein Sieb geben, abtropfen lassen, dann mit dem restlichen Olivenöl in einer Schüssel mischen. Mit dem heißen Lammsugo und dem frisch geriebenen Parmesan servieren.

Bandnudeln mit Flußkrebsen

60 g rote Linsen
Salz
250 g breite Bandnudeln
2 rote Chilischoten
3 Zwiebeln
1 Fenchelknolle
½ TL Fenchelsamen
5 EL Olivenöl
2 Lorbeerblätter
1 Dose geschälte Tomaten (800 g)
1 EL Ketchup
Zucker
Cayennepfeffer
250 g Flußkrebsschwänze

Linsen in 200 ml Wasser mit Salz langsam aufkochen, ohne Deckel bei sehr schwacher Hitze 12–15 Minuten quellen lassen, in ein Sieb geben und abtropfen lassen. Die Nudeln in reichlich kochendem Salzwasser bißfest garen.

In der Zwischenzeit die Chilischoten in Ringe schneiden, Kerne herausnehmen. Zwiebeln und Fenchel putzen, fein würfeln. Fenchelsamen und Chiliringe in einer tiefen Pfanne im nicht zu heißen Olivenöl unter Rühren leicht anbraten. Zwiebeln und Lorbeer dazugeben und 2 Minuten glasig dünsten. Fenchel unterrühren und bei nicht zu starker Hitze 3 Minuten mitdünsten.

Die Tomaten in ein Sieb geben, abspülen, abtropfen lassen und ausdrücken. Ketchup in die Mitte der Pfanne geben, Tomaten unterrühren, mit Salz und einer Prise Zucker würzen, 5 Minuten weiterschmoren, Pfanne gut durchrühren, mit Cayennepfeffer würzen.

Linsen und Krebsschwänze unter das Gemüse heben und noch einmal erwärmen, aber nicht kochen lassen. Nudeln abgießen, abtropfen lassen, mit der Sauce mischen und sofort servieren.

Nudeln in Kräuter-Sahne-Sauce

- *Salz*
- *60 g Parmesan*
- *60 g durchwachsener Speck*
- *2 Knoblauchzehen*
- *1 Zweig Rosmarin*
- *½ Bund Thymian*
- *8 EL Olivenöl*
- *250 g Tagliardi (breite, kurze Nudeln)*
- *250 ml Sahne*
- *Pfeffer*

Nudeln in reichlich kochendem Salzwasser bißfest garen. Käse fein raspeln. Speck ohne Schwarte sehr fein würfeln. Knoblauch pellen, Rosmarin und Thymian von den Stielen zupfen. Knoblauch, Rosmarin und Thymian zusammen sehr fein hacken.

Olivenöl in einer Pfanne erhitzen, den Speck darin langsam ausbraten, Kräutermischung dazugeben und sanft weiterdünsten. Sahne dazugeben, leicht einkochen lassen und mit Salz und Pfeffer würzen. Nudeln abgießen, abtropfen lassen und in der Sauce wenden. 2 EL Käse unterziehen, den restlichen Käse separat zu den Nudeln in Kräuter-Sahne-Sauce servieren.

Spaghettini mit Tintenfisch

- *2 kg Sepia ohne Kopf*
- *200 g getrocknete Tomaten in Olivenöl*
- *2 Knoblauchzehen*
- *1 Bund Basilikum*
- *400 g Spaghettini*
- *Salz*
- *8 EL Olivenöl*
- *100 ml Weißwein*
- *Pfeffer*

Von den Tintenfischen die graue Haut und alle festen Teile ablösen, bis das weiße Fleisch übrig ist, gründlich kalt abwaschen und abtropfen lassen, in ½ cm breite, möglichst lange Streifen schneiden. Vom Tomatenöl 5 EL abnehmen und beiseite stellen. Tomaten in sehr feine Streifen schneiden. Knoblauch pellen und durch die Presse drükken. Basilikum grob hacken.

Spaghettini in reichlich kochendem Salzwasser bißfest garen. Fischfleisch salzen und 5 Minuten bevor die Spaghettini fertig sind, in 2 Portionen in je 4 EL Olivenöl bei starker Hitze unter Wenden 2 Minuten braten. Tintenfischfleisch in der Pfanne mit Tomaten und Knoblauch mischen, Wein dazugießen und die Pfanne von der Kochstelle nehmen.

Spaghettini abgießen und gut abtropfen lassen. In einer großen Schüssel die Nudeln mit Basilikum und Fisch mischen, mit Salz und Pfeffer würzen und zum Schluß noch das restlich Tomatenöl dazugeben. Heiß servieren.

Bandnudeln mit Steinpilzen

450 g Pancetta (ital. Bauchspeck)
2 Knoblauchzehen
4 Rosmarinzweige
1 kg kleine feste Steinpilze
500 g Pappardelle (ital. Bandnudeln)
13 EL Olivenöl
Pfeffer
100 g Parmesan

Pancetta ohne Schwarte in ½ cm dicke Stifte schneiden. Knoblauch pellen und durch die Presse drücken. Rosmarinnadeln von den Zweigen streifen und grob hacken. Steinpilze putzen und in 1 cm dicke Scheiben schneiden.

Nudeln in reichlich kochendem Salzwasser bißfest garen. In der Zwischenzeit Speckstifte in 1 EL Olivenöl knusprig braten. Knoblauch und Rosmarin untermischen, Pfanne beiseite stellen. Die Steinpilze in 3 Portionen in jeweils 4 EL Olivenöl ca. eine Minute bei starker Hitze braten, salzen und pfeffern. Pilze und Speck mischen.

Nudeln abgießen, gut abtropfen lassen, in einer vorgewärmten Schüssel mit den Pancetta-Pilzen mischen. Mit frisch geriebenem Parmesan servieren.

Bandnudeln mit Rinderfilet und Mascarponesauce

100 g Walnußkerne
750 g Lauch
500 g Rinderfilet
250 g Mascarpone
Salz
3 EL Balsamico
2 Eigelb
5 EL Olivenöl
Pfeffer
500 g breite Bandnudeln

Walnußkerne grob hacken. Lauch putzen und waschen, nur das Weiße und das Hellgrüne in ca. ½ cm breite Ringe schneiden, in einem Sieb noch einmal mit kaltem Wasser überbrausen und abtropfen lassen.

Filet zuerst in ½ cm dicke Scheiben, dann in Streifen schneiden.

Für die Sauce Mascarpone in einen Topf geben, Salz und Balsamico mit dem Schneebesen unterschlagen, erwärmen, das Eigelb mit dem Schneebesen unterschlagen, weiter erhitzen, aber nicht kochen lassen, damit das Eigelb nicht stockt.

Öl auf 2 Pfannen verteilen und erhitzen. In der einen Pfanne die Filetstreifen portionsweise 2 Minuten sehr heiß braten. In der zweiten Pfanne den Lauch ca. 5 Minuten unter Wenden braten. Walnußkerne dazugeben.

Fleisch und Lauch leicht salzen und pfeffern. Nudeln in reichlich kochendem Salzwasser bißfest garen, abgießen und abtropfen lassen. Nudeln auf vorgewärmten Tellern anrichten, Filetstreifen und Porree darauf verteilen. Mascarponesauce darübergießen und servieren.

Makkaroni-Auflauf mit Hackfleisch

(für 6 Personen)
250 g Makkaroni
Salz
1 Zwiebel
5 EL Olivenöl
600 g mageres Hackfleisch vom Lamm
2 Dosen geschälte Tomaten (à 240 g)
1 Bund glatte Petersilie
Pfeffer
1 Msp. Zimt
1 Msp. Piment
1/4 l Weißwein
40 g Butter
4 EL Mehl
3/4 l Milch
1 Prise Muskat
1 EL Zitronensaft
3 Eier
100 g Käse zum Reiben

Nudeln in reichlich kochendem Salzwasser bißfest garen, abgießen und abtropfen lassen. Zwiebel schälen und klein würfeln. Olivenöl in einer Pfanne erhitzen, Zwiebel darin glasig dünsten, Hackfleisch dazugeben und anbraten, mit dem Kochlöffel fein zerbröckeln. Tomaten abgießen und in Würfel schneiden. Petersilie abbrausen, trockenschütteln und die Blättchen fein hacken. Petersilie mit den Tomaten zum Hackfleisch geben. Salz, Pfeffer, Gewürze und Weißwein unterrühren und zugedeckt 10 Minuten köcheln, dann abkühlen lassen.

Butter in einer Kasserolle erhitzen, Mehl darin anschwitzen, Milch unterrühren und so lange kochen, bis die Sauce dicklich wird. Mit Salz, Pfeffer, Muskat und Zitronensaft abschmecken, abkühlen lassen. 2 Eier darunterziehen.

Backofen auf 180 °C vorheizen, eine große Auflaufform einfetten.

Käse fein reiben. Die Hälfte der Makkaroni in die Form schichten und etwas Käse darüberstreuen. Das 3. Ei unter die Hackfleischmischung ziehen und auf die Nudeln streichen. Die restlichen Makkaroni darauflegen, Sauce darübergießen und den restlichen Käse darüberstreuen.

Auflauf in der Mitte des Backofens ca. 40 Minuten backen, bis die Oberfläche schön braun ist. In Quadrate geschnitten heiß servieren.

Spaghetti mit Paprika und Pinienkernen

3 rote Paprikaschoten
3 gelbe Paprikaschoten
3 Knoblauchzehen
3 rote Chilischoten
100 g Pinienkerne
500 g Spaghetti
Salz
100 ml Olivenöl
Pfeffer
1 Bund Basilikum

Paprikaschoten vierteln, entkernen, unter dem Backofengrill rösten, bis die Schale dunkel wird, abschrecken, dann häuten. Auf ein Backblech legen und im Backofen bei 70 °C ca. 3 Stunden trocknen lassen.

Knoblauch schälen und klein würfeln. Chilischoten längs halbieren, entkernen und sehr klein würfeln. Pinienkerne in einer Pfanne ohne Fett rösten und beiseite stellen.

Die Spaghetti in reichlich kochendem Salzwasser bißfest garen, abgießen mit 3 EL Olivenöl mischen und warm stellen. Paprikaschoten in 3 cm große Stükke schneiden.

2 EL Olivenöl in einer Pfanne erhitzen, Knoblauch und Chili darin bei milder Hitze ca. 1 Minute anschwitzen, ohne daß sie braun werden. Paprikaschoten, Pinienkerne und das restliche Olivenöl dazugeben.

Alles zusammen vorsichtig erwärmen und mit den heißen Spaghetti in einer vorgewärmten Schüssel gut vermischen. Mit Salz und Pfeffer würzen. Basilikumblätter in grobe Streifen schneiden und vorsichtig unterheben.

Muschelnudeln mit dicken Bohnen und Mortadella

2 kg frische dicke Bohnen
Salz
700 g Frühlingszwiebeln
2 Knoblauchzehen
250 g Rucola
200 g ital. Mortadella in dünnen Scheiben
500 g Orecchiette (ital. Muschelnudeln)
8 EL Olivenöl
Pfeffer
150 g Parmesan

Bohnen auspalen, in kochendes Salzwasser geben, 5 Minuten kochen lassen, dann abgießen, abschrecken und die Kerne aus der Haut drücken. Frühlingszwiebeln putzen, das Weiße und das Hellgrüne in dünne Ringe schneiden. Knoblauch pellen und durch die Presse drücken. Rucola waschen, putzen und grob zerschneiden. Mortadella in ½ cm große Stücke schneiden.

Die Nudeln in reichlich kochendem Salzwasser bißfest garen.

In der Zwischenzeit Knoblauch, Frühlingszwiebeln und die Bohnenkerne im Olivenöl unter Wenden bei starker Hitze 4 Minuten andünsten, Rucola untermischen und 30 Sekunden mitdünsten. Zum Schluß die Mortadella dazugeben und alles mit Salz und Pfeffer würzen.

Nudeln abgießen, gut abtropfen lassen und in eine große vorgewärmte Schüssel geben. Bohnenmischung und die Hälfte des Parmesan dazugeben und nachwürzen. Den restlichen Parmesan darüberstreuen und sofort servieren.

Muschelnudeln mit Tomatensugo

1,2 kg vollreife Tomaten
150 g Pancetta (ital. Bauchspeck)
100 g getrocknete Tomaten in Olivenöl
120 g Schalotten
2 Knoblauchzehen
8 Sardellenfilets
60 g Kapern
500 g Orecchiette (ital. Muschelnudeln)
Salz
5 EL Olivenöl
2 TL Ketchup
Pfeffer
2 TL Zucker
½ Bund Basilikum
80 g Parmesan

Die Tomaten kreuzweise einritzen, kurz überbrühen, häuten, vierteln, entkernen und grob würfeln. Pancetta und getrocknete Tomaten in sehr dünne Streifen schneiden. Schalotten und Knoblauch pellen, fein würfeln. Sardellen und Kapern grob zerdrücken.

Nudeln in reichlich kochendem Salzwasser bißfest kochen. In der Zwischenzeit Pancetta in 2 EL Olivenöl bei milder Hitze auslassen. Getrocknete Tomaten, Schalotten und Knoblauch dazugeben, eine Minute mitdünsten. Ketchup unterrühren, Tomatenwürfel dazugeben. Mit Salz, Pfeffer und Zucker würzen. 100 ml Nudelwasser zum Tomatensugo geben, offen bei mittlerer Hitze 15 Minuten einkochen lassen, zwischendurch umrühren. Nach 10 Minuten Kapern und Sardellen dazugeben.

Basilikum bis auf einige kleinere Blätter zum Garnieren grob zerschneiden. Parmesan sehr dünn hobeln. Nudeln abgießen und mit dem restlichen Olivenöl vermischen, sofort mit dem Tomatensugo servieren, mit Basilikum und frisch geriebenem Parmesan bestreuen.

Gemüse

Champignonpizza

Für den Teig:
450 g Mehl
1 TL Salz
20 g frische Hefe
180 ml lauwarmes Wasser
3 EL Olivenöl

Für den Belag:
1 große Dose Pizza-Tomaten
1 Zwiebel
1 Knoblauchzehe
100 g Speck in Scheiben
400 g Champignons
1 Bund Oregano
4 EL Olivenöl
200 g Gouda
Salz
Pfeffer
1 Prise Zucker

Mehl in eine Schüssel geben, eine Mulde in die Mitte drücken, Salz, Hefe und Wasser hineingeben und zu einem Vorteig kneten, kurz gehen lassen. Olivenöl dazugeben und alles rasch zu einem glatten Teig verarbeiten, gehen lassen.

In der Zwischenzeit für den Belag Zwiebel und Knoblauch schälen und fein würfeln, in 2 EL Olivenöl anschwitzen, dann die Tomaten dazugeben, mit Salz, Pfeffer und Zucker würzen. Sauce ca. 10 Minuten leise köcheln lassen, bis sie dickflüssig wird. Champignons trokken abreiben, in Scheiben schneiden, in einer Pfanne mit 2 EL Olivenöl vordünsten, mit Salz und Pfeffer würzen. Speck in Streifen schneiden.

Backofen auf 225 °C vorheizen. Teig auf einem Backblech oder für 4 runde Pizzen ausrollen, auf ein geöltes Blech legen. Tomatensauce auf dem Teig verteilen, Champignons und Speck daraufgeben. Oreganoblättchen abzupfen und darauf verteilen. Zum Schluß den Gouda reiben und gleichmäßig darüberstreuen. Im Backofen ca. 20 Minuten backen.

Spiegeleier in Sofrito

(für 6 Personen)
3 Zwiebeln
2 Knoblauchzehen
2 Fleischtomaten
1 rote Paprika
1 Bund Petersilie
60 g Speck
1 Chorizo (Schweinewurst mit Knoblauch)
4 EL Olivenöl
1 Lorbeerblatt
Salz
Pfeffer
6 Eier
150 g TK-Erbsen
1 EL Tomatenpaprika
1 kleine Dose Spargelköpfe
3 EL trockener Sherry

Zwiebeln und Knoblauch pellen, Zwiebeln würfeln. Tomaten überbrühen und abziehen. Paprikaschote putzen, waschen und in feine Würfel schneiden. Petersilie hacken. Schinken und Wurst fein würfeln.

Olivenöl in einer Pfanne erhitzen, Zwiebeln und Paprika darin andünsten, ohne sie zu braun werden zu lassen. Knoblauch dazupressen.

Tomaten halbieren, Kerne und Stielansätze entfernen und in Würfel schneiden. Tomatenwürfel mit Schinken und Wurst in die Pfanne geben. Die Hälfte der Petersilie, Lorbeer, Salz und Pfeffer ebenfalls dazugeben. Gut umrühren und ⅛ l Wasser unterrühren. Offen köcheln lassen, bis die in Spanien „Sofrito" genannte Masse dickflüssig eingekocht ist. Ab und zu umrühren.

Lorbeerblatt entfernen und das Sofrito in eine ofenfeste Form geben. Backofen auf 200 °C vorheizen. Eier einzeln aufschlagen und vorsichtig nebeneinander in die Form gleiten lassen. Erbsen, Tomatenpaprika und die abgetropften Spargelköpfe dekorativ darauf verteilen. Sherry über die Eier und das Gemüse träufeln.

Die Form abdecken und im Backofen ca. 20 Minuten backen, bis das Eiweiß fest ist. Heiß servieren.

Gefüllte Zucchini

1 Zwiebel
300 g Rinderhack
6 EL Olivenöl
200 ml Weißwein
Salz
Pfeffer
4 Zucchini
150 g gekochter Reis
¼ l heiße Fleischbrühe
2 Eier
4 EL Zitronensaft

Zwiebel schälen und würfeln. 4 EL Olivenöl in einer Pfanne erhitzen, Zwiebel und Hackfleisch unter häufigem Wenden darin anbraten, Weißwein und ⅛ l heißes Wasser dazugeben, leicht salzen und pfeffern. Bei schwacher Hitze ca. 30 Minuten offen schmoren, bis die Flüssigkeit fast gänzlich eingekocht ist.

In der Zwischenzeit von den Zucchini der Länge nach eine ca. 5 mm dicke Scheibe als Deckel abschneiden. Die untere Seite mit einem Löffel aushöhlen.

Reis unter das geschmorte Fleisch rühren und 3 Minuten weiterschmoren. Backofen auf 180 °C vorheizen. Zucchini mit der Hackfleischmasse füllen und die Zucchinideckel aufsetzen. Nebeneinander in eine ofenfeste Form setzen, restliches Olivenöl und die Fleischbrühe angießen.

Im Backofen ca. eine Stunde schmoren. Für die Sauce die Eier trennen, Eiweiß steif schlagen und Eigelbe einzeln unterziehen. Unter Rühren den Zitronensaft dazugeben. Kurz vor dem Servieren 4 EL vom Schmorsud dazugeben. Sauce über die fertigen Zucchini gießen und vorsichtig mit dem Schmorsud mischen.

Auberginenauflauf

4 große Auberginen
Salz
300 ml Olivenöl
500 g Tomaten
1 kleine Zwiebel
1 EL gehacktes Basilikum
Pfeffer
etwas Mehl
175 g Mozzarella
2 Eier
100 g frisch geriebener Parmesan

Eier hart kochen, abschrecken und pellen. Auberginen waschen und der Länge nach in Scheiben schneiden. Anschließend in ein Sieb geben, leicht mit Salz bestreuen und eine Stunde stehen lassen. Tomaten überbrühen, häuten, entkernen und in Würfel schneiden. 3 EL Olivenöl in einer schweren Pfanne erhitzen, Tomatenwürfel und die Hälfte des Basilikums hinzufügen. Tomaten pfeffern und salzen und ca. 30 Minuten köcheln lassen.

Auberginen unter fließendem kalten Wasser abspülen, abtropfen lassen und sorgfältig trockentupfen, mit Mehl bestäuben. So viel Olivenöl in eine große Pfanne gießen, daß der Boden bedeckt ist. Auberginenscheiben darin bei mäßiger Hitze nach und nach von beiden Seiten goldbraun braten, zum Abtropfen auf Küchenkrepp legen.

Backofen auf 180 °C vorheizen. Käse und Eier in Scheiben schneiden. Tomatensauce durch ein Sieb streichen und eine dünne Schicht auf dem Boden einer feuerfesten Form auftragen. Darauf eine Schicht Auberginen legen, dann eine Schicht Käse- und Eischeiben gemischt, mit etwas Basilikum und Parmesan bestreuen. So fortfahren, bis alle Zutaten verbraucht sind, mit einer Schicht Tomatensauce abschließen. Mit Olivenöl beträufeln. Im Backofen 30 Minuten backen.

Zucchini-Tomaten-Gratin

1 große Zwiebel
5 EL Olivenöl
250 g Zucchini
2 Eier
Salz
Pfeffer
100 g Parmesan
4 EL frisch gehackte Petersilie
4 EL gekochter Reis
2 EL Semmelbrösel
4 Fleischtomaten

Zwiebel schälen, fein hacken. 2 EL Olivenöl in einer Pfanne erhitzen, Zwiebel darin 3 Minuten andünsten. Zucchini schälen und fein hacken, zur Zwiebel geben und 5 Minuten mitbraten. Eier aufschlagen, mit Salz und Pfeffer glattrühren und mit dem geriebenen Parmesan, der Hälfte der Petersilie und dem gekochten Reis mischen. Mit der Zucchinimischung verrühren und diese in eine gefettete ofenfeste Form füllen.

Backofen auf 200 °C vorheizen. Tomaten halbieren und entkernen, mit der Schnittseite nach oben in den Reis drükken. Restliche Petersilie mit den Semmelbröseln mischen und über den Gratin streuen. Das restliche Olivenöl darüberträufeln. Im Backofen 25 Minuten backen und heiß zu gegrilltem Fisch servieren.

Südtiroler Kartoffelomelett

(für 6 Personen)
600 g Kartoffeln
125 g Mehl
Salz
Pfeffer
3 Eier
5 EL Olivenöl

Kartoffeln schälen und in eine Schüssel reiben. Mehl darübersieben, salzen und pfeffern und alles gut vermischen. Eier verquirlen, unterziehen und alles zu einem Teig verkneten.

Olivenöl in einer Pfanne erhitzen, den Kartoffelteig hineingeben und glattstreichen. Von jeder Seite ca. 7 Minuten bakken. Sofort servieren.

Griechische Spinatpastete

(für 6 Personen)
1 kg frischer Spinat
1 große Zwiebel
8 Frühlingszwiebeln
6 EL Olivenöl
100 g Butter
Salz
Pfeffer
6 EL frisch gehackte Petersilie
4 EL frisch gehackter Oregano
3 Eier
450 g TK-Blätterteig

Spinat gründlich waschen, harte Stiele entfernen. Trockentupfen und etwas zerpflücken. Zwiebel schälen und in dünne Scheiben schneiden. Frühlingszwiebeln putzen und ebenfalls in dünne Scheiben schneiden. 4 EL Olivenöl mit 25 g Butter erhitzen, Zwiebeln darin glasig dünsten. Spinat dazugeben und bei mittlerer Hitze einrühren. 4 Minuten zugedeckt dünsten. Spinat abtropfen lassen, salzen und pfeffern, Petersilie, Oregano und die Eier unterziehen. Backofen auf 200 °C vorheizen.

Das restliche Olivenöl und die restliche Butter vermischen und leicht erwärmen, damit die Mischung flüssig ist. Eine Pastetenform damit einfetten. Blätterteig sehr dünn ausrollen, halbieren. Die eine Hälfte in mehreren Schichten in die Pastetenform setzen, jede Schicht beidseitig mit der Olivenöl-Butter-Mischung bestreichen. Spinatfüllung einfüllen. Aus dem restlichen Teig wieder mehrere Teigplatten schneiden, mit der Olivenöl-Butter-Mischung bestreichen und den Spinat damit abdecken. Mit einem scharfen Messer in die oberste Schicht ein Rautenmuster schneiden. Die restliche Olivenöl-Mischung daraufstreichen.

Im Backofen ca. 40 Minuten backen, bis der Teig goldbraun ist. 5 Minuten abkühlen lassen, in Scheiben geschnitten servieren.

Lauch à la provençale

750 g Lauch
4 EL Olivenöl
Salz
Pfeffer
abgeriebene Schale einer halben unbehandelten Zitrone
4 Fleischtomaten
10 schwarze Oliven
3 EL Zitronensaft

Lauch halbieren, putzen und in 5 cm lange Stücke schneiden. Tomaten überbrühen, abziehen, entkernen und fein hacken. Oliven entsteinen und halbieren.

Lauchstücke im Olivenöl in einen großen Topf geben, salzen und pfeffern, Topf zudecken und den Lauch 10 Minuten köcheln. Zitronenschale, Tomaten, Oliven und Zitronensaft dazugeben. Ohne Deckel weitere 10 Minuten köcheln. Heiß oder kalt als Gemüse zu Gegrilltem reichen.

Dicke Bohnen in Tomatensauce

6 EL Olivenöl
2 Knoblauchzehen
2 Salbeiblätter
Pfeffer
1 kg frisch ausgepalte dicke Bohnen
Salz
400 g Tomaten

Olivenöl in einer Kasserolle erhitzen, Knoblauch pellen, fein hacken und mit dem Salbei und dem Pfeffer in das Öl geben. 5 Minuten dünsten. Topf von der Kochstelle nehmen, Bohnen und eine Prise Salz untermischen und 4 Minuten beiseite stellen.

Die Tomaten überbrühen, abziehen, in Würfel schneiden und zu den Bohnen geben. Zugedeckt 20 Minuten schmoren, dabei gelegentlich umrühren. Salbeiblätter herausnehmen und das Gemüse sofort servieren.

Spinat mit Rosinen

1 kg frischer Spinat
25 g Rosinen
4 EL Olivenöl
1 Knoblauchzehe
25 g Pinienkerne
Salz
Pfeffer

Spinat waschen und tropfnaß, aber ohne zusätzliches Wasser, in einem Topf erhitzen und zusammenfallen lassen. Gut abtropfen lassen und alle Flüssigkeit herauspressen. Rosinen 15 Minuten in lauwarmem Wasser einweichen, dann gut trockentupfen.

Olivenöl in einer großen Pfanne erhitzen. Knoblauch pellen und in Scheiben schneiden, im heißen Öl goldbraun andünsten. Anschließend Knoblauch aus dem Öl nehmen. Spinat zusammen mit Pinienkernen und Rosinen in die Pfanne geben und unter häufigem Umrühren 10 Minuten kochen. Zuletzt mit Salz und Pfeffer abschmecken, heiß servieren.

Artischocken mit Erbsen

4 junge Artischocken
6 EL Olivenöl
1 Zwiebel
375 g frisch ausgepalte
Erbsen
75 roher Schinken oder
Speck
Salz
Pfeffer
8 EL heiße Hühnerbrühe

Die harten äußeren Blätter und Strünke von den Artischocken abschneiden. Anschließend der Länge nach in Scheiben schneiden. Olivenöl in einer großen, schweren Pfanne erhitzen. Die Zwiebel schälen, fein hacken und im heißen Öl 5 Minuten dünsten. Artischockenscheiben dazugeben und 15 Minuten dünsten. Schinken würfeln und mit den Erbsen dazugeben. Salzen und pfeffern. Brühe unterrühren und noch 20 Minuten bei schwacher Hitze kochen lassen, bis die Artischocken und Erbsen gar sind, gelegentlich umrühren. Sofort servieren.

Grüne Bohnen mit Pilzbröseln

15 g getrocknete Steinpilze
120 g italienisches Weißbrot
6 EL Olivenöl
500 g grüne Bohnen
100 g Möhren
150 g Staudensellerie
6 Knoblauchzehen
Salz
schwarzer Pfeffer
3 Zweige Thymian
1 Zweig Rosmarin
1 Bund glatte Petersilie
1 große Dose geschälte Tomaten
40 g Pecorino

Die getrockneten Steinpilze 20 Minuten in 200 ml Wasser einweichen. Das Brot in Scheiben schneiden, dann in grobe Würfel teilen. Steinpilze gut ausdrükken, Einweichflüssigkeit auffangen. Pilze sehr fein hacken. 4 EL Olivenöl in einer Pfanne erhitzen, Brotwürfel darin goldbraun rösten, die gehackten Pilze dazugeben und etwa eine Minute mitrösten, auf Küchenkrepp abtropfen lassen, dann fein pürieren und beiseite stellen.

Die grünen Bohnen putzen. Möhren schälen. Staudensellerie putzen und die Enden abschneiden. Möhren und Staudensellerie fein würfeln. Knoblauch pellen und durch die Presse drücken. Restliches Olivenöl in einer Pfanne erhitzen. Grüne Bohnen und Knoblauch darin bei milder Hitze andünsten und das Steinpilzwasser dazugeben. Herzhaft mit Salz und Pfeffer würzen. Möhren, Thymian, Rosmarin und Staudensellerie dazugeben und abgedeckt 20 Minuten dünsten. Dabei hin und wieder umrühren.

Petersilie waschen, abtropfen lassen. Blätter von den Stielen zupfen und grob hacken. Tomaten in 1 cm große Würfel schneiden. Nach 20 Minuten den Deckel abnehmen und weitere 10 Minuten dünsten, bis die Flüssigkeit eingekocht ist. Thymian und Rosmarin herausnehmen, Tomaten vorsichtig unterheben, mit

Salz und Pfeffer abschmecken. Zuletzt die Steinpilzbrösel und die Petersilie untermischen und auf einer Platte anrichten. Pecorino dünn darüberhobeln.

Gefüllte Auberginen

4 kleine Auberginen
250 g Tomaten
4 EL Olivenöl
1 Zwiebel
1 EL gehackte Petersilie
Salz
Pfeffer
250 g Mozzarella
4 Eier
etwas Petersilie zum Garnieren

Eier hart kochen. Auberginen waschen, der Länge nach halbieren und mit einem Löffel bis auf etwa 1 cm Dicke aushöhlen. Fruchtfleisch fein hacken. Tomaten überbrühen, häuten und würfeln.

Zwiebel schälen und fein hacken. Das Olivenöl in einer Pfanne erhitzen, eine Zwiebel darin 5 Minuten andünsten. Das ausgeschabte Auberginenfleisch, Tomatenwürfel und Petersilie dazugeben, mit Salz und Pfeffer würzen, 15 Minuten dünsten.

Backofen auf 180 °C vorheizen. Die ausgehöhlten Auberginenhälften in eine geölte, flache feuerfeste Form legen und 10 Minuten im Backofen backen. Dann die Hälfte der Tomatenmischung in die Auberginen füllen, abwechselnd je eine Schicht Käse- und Eischeiben darauflegen und mit der restlichen Tomatenmischung bedecken. Die gefüllten Auberginen wieder in den Backofen geben und weitere 10 Minuten garen. Mit Petersilienzweigen garniert heiß oder kalt servieren.

Rezeptverzeichnis